DR. JOSEPH BELLUCCI

CATALOGUE DESCRIPTIF

D' UNE COLLECTION

D'AMULETTES ITALIENNES

ENVOYÉE À L' EXPOSITION UNIVERSELLE

DE PARIS

1889

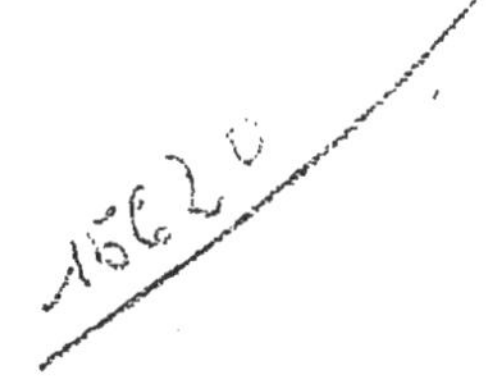

PÉROUSE
IMPRIMERIE BONCOMPAGNI

1889

Dr. JOSEPH BELLUCCI

CATALOGUE DESCRIPTIF

D' UNE COLLECTION

D' AMULETTES ITALIENNES

ENVOYÉE À L' EXPOSITION UNIVERSELLE

DE PARIS

1889

PÉROUSE
IMPRIMERIE BONCOMPAGNI

1889

ADVERTISSEMENT AU LECTEUR

La collection d'amulettes italiennes contemporaines envoyée à l'Exposition universelle de Paris, à la quelle se rapporte ce catalogue, comprend 412 exemplairs. Lorsq' en 1881 j'envoyais à l'Exposition nationale de Milan une collection semblable, le nombre montait à 176 et les amulettes se trouvaient disposèes sur six cartons (32 × 45) (1).

En 1880 je présentai au Congrès international d'anthropologie et d'archéologie préhistoriques à Lisbonne ma collection alors naissante; le nombre des amulettes qui la composaient, était alors simplement 128, et les objets étaient distribués seulement sur quatre cartons (32 × 45).

Il m' a paru util de donner avant tout ces chiffres pour démontrer l'accroissement progressif de la collection d'amulettes italiennes contemporaines, que je suis reussi à former; en employant pour cela, non seulement l'amour passionné du collecteur, mais aussi beaucoup de sagacité, et je dirais aussi de ruse. C' est toujours difficil en effet d'avoir des objets semblables des personnes, qui les conservent mieux que l'argent, qui les regardent comme sacrés, qui, maintes fois, ont cru d' avoir constaté des résultats éloquents de leurs vertus bienfaisantes et salutaires.

(1) Bellucci G. — Catalogo della collezione di amuleti inviata all' Esposizione nazionale di Milano — Perugia, Santucci, 1881.

La collection actuelle est formée d'objets differents en métaux, minéraux, pierres, verres, ambre, jais; ell'est formée d'animaux ou de leurs parties (os, hivoire, dents, cornes, ongles, poils, coquilles, coraux); de végètaux ou de leurs parties (racines, bulbes, bois, écorce, fruits). Cette collection se trouve distribuée sur quatorze tables (32 × 45), numerotées de 1 à 14 et les objets qu'y sont liés, sont à leur tour désignés par un numéro d'ordre imprimé.

La description de chaque objet comprend deux parties; la première se rapporte au catalogue materiel proprement dit; la deuxième à la partie descriptive. La première partie comprend: 1.° le numéro d'ordre correspondant au numéro imprimé au dessous de chaque objet sur les tables; 2.° le nom avec le quel on desigue d'ordinaire l'amulette; 3.° l'indication de la vertu, ou des vertus principales attribuées à l'objet ou aux objets, en observant que lorsque cette indication manque, on doit y appliquer celle deja attribuée auparavant aux amulettes désignées sous le même nom; 4.° la provenance des objets; 5.° le numéro du catalogue général de ma collection privée, appliqué sur chaque objet, en papier blanc jusq'à 7000, et depuis en papier jaune.

À ces indications fait suite la partie descriptive de l'amulette, avec des notes particulières, lorsque cela a été necessaire.

Pérouse 1889. J. B.

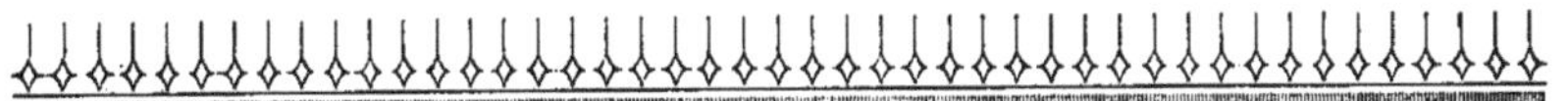

TABLE PREMIÈRE.

1. Éclats de la foudre. — Préservaient des coups de foudre. — Boneggio, Pérouse, Ombrie — 1331.

Trois morceaux de silex, deux éclatés par l'homme de l'age de la pierre, un éclaté naturellement. Recueillis en excavant le terrain autour d'une chène foudroyée et conservés comme éclats d'une foudre tombée du ciel, réduite en éclats à cause de la roche résistante, contre la quelle a frappé.

2. Pierre de foudre. — En Italie, *Fulmine, Saetta, Folgore, Porcheria, Sporcizia.* — Préservait des coups de foudre. — Ancarano, Norcia, Ombrie — 4131.

Forme naturelle de grès siliceux, correspondante à celle d'une pointe de flèche préhistorique. Sur les bords latéraux on a deux encoches pour fixer à la pierre une liaison.

3. Foudre en globe. — Préservait des coups de foudre. — Castiglione del Lago, Pérouse, Ombrie — 4645.

Nodule réniforme de pyrite épigénique. Il était soigneusement conservé dans un sachet avec d'autres amulettes.

4. Pierre de foudre. — Armanzano, Assisi, Ombrie — 2675.

Pointe de fléche en silex en forme de triangle avec pédoncule. Elle fut trouvée en demaçonnant un mur d'un ancien château dans la partie profonde de ses fondements. À sa surface on a des concretions calcaires, qui dérivent du ciment avec le quel on l'avait fermée parmi les matériaux de construction. Après la découverte on a bien compris le but de sa destination primitive et on a conservé l'objet comme une ancienne pierre de foudre.

5. Pierre de foudre. — Préservait des coups de foudre. — Città di Castello, Pérouse, Ombrie — 3613.

Pyrite taillée en forme de coin avec surfaces polies et ornées de lignes entrecroisées. Les pyrites taillées en cette forme ont été employées dans les fusils à roue, pendant les XV, XVI et XVII siecles.

6. Pierre de foudre. — S. Valentino, Pérouse, Ombrie — 3614.

Fragment d'une pyrite taillée et employée comme le n.° 5. Sa surface est couverte d'hydrate de fer.

7. Pierre de foudre. — Pian di Massiano, Pérouse — 2404.

Pointe de flèche en silex blonde conformée à triangle avec pédoncule. Conservée soigneusement depuis longtemps chez une famille de paysans.

8. Pierre de foudre. — Pila, Pérouse, Ombrie — 2199.

Comme le n.° 7. Le silex est blanc-jaunâtre.

9. Pierre de foudre. — Pérouse, Ombrie — 5104.

Tête de flèche en silex rougeâtre, épointée, en forme de triangle avec pédoncule. Elle fut trouvée avec des ossements humains dans les fondements d'un mur de l'Hôpital des aliénés de Pérouse, anciennement, Cloître de religieuses.

Les os humains représentaient presque l'entier squelette et furent compris dans la construction du mur dans un but superstitieux; la tête de flèche y etait placée à fin de préserver l'édifice des coups de foudre (1).

(1) J'ai vérifié en Pérouse un autre cas d'ensevelissement d'os humains en vue superstitieuse pendant le 1863, lorsqu'on a détruit le bastion occidental du fort, dit *Tanaglia,* appartenant à la forteresse *Paolina,* dont l'érection fut commandée par Paul III, *ad deprimendam perusinorum audaciam* et la première pierre fut placée le 28 Juin 1540.

La découverte faite pendant le mois d'Août 1881 fut constatée au dehors de moi par MM. les professeurs Adriani, Directeur et Berarducci, Sous-Directeur de l'Hôpital des aliénés.

10. Pierre de foudre. — Préservait des coups de foudre. — Papiano, Pérouse, Ombrie — 4397.

Tète de flèche en silex blanchatre épointée, en forme de triangle avec pédoncule. Elle fut conservée pendant longtemps dans une maison de campagne.

11. Pierre de foudre. — S. Apollinare, Pérouse, Ombrie — 1992.

Tète de flèche en silex rougeâtre en forme de triangle avec pédoncule. Est fermée dans une sorte de voeu en forme de coeur, comme une relique sacrée. J'ai trouvé cette amulette tres-singulière, suspendue parmi des images de Saints à la tète d'un lit dans une maison de campagne, soigneusement conservée par une vieille femme. Pendant les orages on allumaient des chandelles et on priait devant cet objet, béni par le curé, et regardé comme sacré.

12. Pierre de foudre. — Civitella d'Arno, Pérouse, Ombrie — 4162.

Tète de flèche en silex rose en forme de triangle avec pédoncule. Ell'était montée en argent et conserve ancore le mastic avec le quel on l'avait fixée au metal.

13. Pierre de foudre. — Osimo, Ancone — 270.

Tète de flèche en silex grisâtre en forme de triangle avec pédoncule, épointée. Ell'était conservée sur la table d'une cheminée d'une cuisine, dans une maison de campagne.

14. Pierre de foudre. — Cavallara, Montefalco, Ombrie — 2130.

Tète de flèche en silex blanchatre en forme de triangle avec pédoncule, épointée. Conservée dans les mêmes conditions du n.° 13.

15. Pierre de foudre. — Armanzano, Assisi, Ombrie — 2676.

Tète de flèche en silex rosâtre, conformée à triangle avec pédoncule, épointée.

16. Pierre de foudre. — Préservait des coups de foudre et valait contre les maladies de l'Enfance. — Capo d'Acqua, Assisi, Ombrie — 3555.

Sachet en cuir dans le quel est contenue une tête de flèche en silex en forme de triangle avec pédoncule. Au sachet est recommandé un petit ruban pour le suspendre au cou des enfants.

17. Pierre de foudre. — Préservait des coups de foudre et éloignait les sorciers. — Fojano, Ancone — 1488.

Lame romboidale de calcite renfermée et liée dans une sorte de voeu cordiforme. Cette amulette était conservée à la tête d'un lit parmi des images de Saints et de petites Madones.

18. Pierres de foudre. — Préservaient des coups de foudre — Gualdo Cattaneo, Spoleto, Ombrie — 1925.

Sachet en velours contenant trois têtes de flèche en silex en forme de triangle avec pédoncule. Ce sachet était d'ordinaire conservé sur la table d'une cheminée dans la cuisine d'une maison de campagne et lorsque les paysans devaient se porter au dehors de la maison pendant des orages, ou lorsque le temps se rendait mauvais, ils plaçaient dans une de leurs poches le sachet, pour être sauvegardés des coups de foudre.

19. Pierre de foudre. — Pale, Foligno, Ombrie — 2120.

Grosse pyrite globulaire épigénique conservée soigneusement comme une pierre de tonnerre tombée du ciel.

20. Pierre de foudre. — Préservait des coups de foudre et des maladies. — Petrignano, Assisi, Ombrie — 2619.

Sachet en cuir contenant une tête de flèche en forme triangulaire avec pédoncule. Le sachet porte une ficelle pour le suspendre et fixer aux vêtements des enfants ou des personnes malades.

21. Pierre de foudre. — Préservait des coups de foudre. — Sulmona, Aquila, Abruzzes — *425*.

Sachet avec petit ruban pour le suspendre et fixer aux vêtements. Contient une tête de flèche en silex en forme de triangle avec pédoncule.

22. Pierre de foudre. — Préservait des coups de foudre. — Lucignano, Arezzo, Toscana — 3324.

Grand racloir en silex rougeâtre avec un trou naturel, par où passe une courroie, avec la quelle on tenait suspendu l'objet lithique à la tète d'un lit, parmi des images de petites Madones et de Saints.

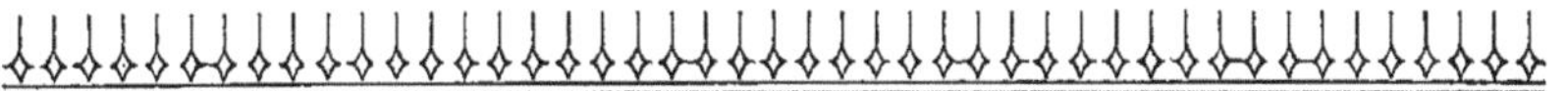

TABLE DEUXIÈME.

1. Pierre de foudre. — Préservait des coups de foudre. — Trasacco, Aquila — 99.

Tête de flèche en silex blond en forme de triangle avec pédoncule, montée en argent avec anneau de suspension.

2. Pierre de foudre. — M. Tezio, Pérouse, Ombrie — 2053.

Tête de flèche en silex en forme triangulaire avec pédoncule, montée en argent avec anneau.

3. Pierre de foudre. — Sulmona, Aquila — 426.

Partie terminale d'un long racloir en silex blanchatre retouché sur les bords, montée en fer blanc avec anneau.

4. Pierre de foudre. — Aquila — 4.

Fragment d'un racloir en silex blanchatre, montée en argent avec anneau. Il était conservé comme un fragment d'une foudre recueilli près d' une chène foudroyée.

5. Pierre de foudre. — Aquila — 141.

Tête de flèche en silex rouge en forme de triangle avec pédoncule, montée en argent avec anneau.

6. Pierre de foudre. — Préservait des coups de foudre — Rue du Carmen, Pérouse, Ombrie — 4367.

Tète de flèche en silex blanchatre en forme de triangle avec pédoncule, montée en argent avec anneau.

7. Pierre de foudre. — Aquila — 6700.

Tète de flèche en silex en forme de triangle avec pédoncule montée en argent. Conserve une partie de la petite chaine en laiton par la quelle la tète de flèche était attachée au bout d'un chapelet.

8. Pierre de foudre. — Bisagno, Aquila — 889.

Tète de javelot en silex blanche en forme trapezoidale, montée en argent avec anneau.

9. Pierre de foudre. — Ajelli, Aquila — 886.

Tète de flèche en silex grisâtre en forme de triangle avec pédoncule, montée en argent avec anneau.

10. Pierre de foudre. — Potenza Picena, Ascoli — 1869.

Grande tète de lance ou de poignard en silex blanchatre en forme de feuille de laurier. Sur les deux encoches laterales de la base est liée une ficelle par la quelle l'objet, regardé comme une grande et terrible foudre, était suspendu au mur d'une cuisine dans une maison de campagne, à fin de proteger la maison et les personnes qui l'habitaient, des coups de foudre.

11. Pierre de foudre. — Cuculla, Aquila — 1551.

Tète de flèche en silex blanchatre en forme de triangle avec pédoncule, montée en argent avec anneau.

12. Pierre de foudre. — Guriano Siculo, Aquila — 2320.

Tète de lance ou de javelot en silex blond en forme ovalaire allongée, montée en argent avec anneau.

13. Pierre de foudre. — S....., Aquila — 1402.

Tète de flèche en silex rose en forme de triangle avec pédoncule, montée en argent avec anneau et chainette pour la suspendre.

L'histoire de cet objet est très singulière. Une pauvre femme qui vive encore en S..... possedait cette tète de flèche et la conservait soigneusement dans un sachet avec la confiance d'ètre protegée par elle des coups de foudre. En se trouvant un jour à la campagne pendant un orage, la paysanne vit tomber la foudre à peu de mètres de sa personne, sans ètre ni frappée, ni dans aucune manière genée par le feu du ciel. La pauvre femme vit dans ce fait l'action directe du paratonnerre, qu'elle portait sur soi même, mais indirectement, comme elle portait une grande vénération pour une image de Nôtre Dame existante dans l' église du pays, rapporta à l'assistance miraculeuse de la Vierge d'avoir été sauvegardée du coup de foudre. La paysanne, aprés avoir fait monter la tète de flèche en argent avec la chainette qu'y est jointe, l'a suspendue, comme *ex voto* et parmi les autres, en signe de remerciment à l'image de Nôtre Dame dans l'église de S...... Le curé de la paroisse, moyennant une rétribution a cédé quelque temps après la pierre de foudre qui se trouvait dans son église.

14. Pierre de foudre. — Aquila — *140.*

Tète de flèche en silex blanchatre en forme de triangle avec pédoncule, montée en argent avec anneau. La monture a été depuis arrangée avec du plomb.

15. Pierre de foudre. — Tortoreto, Teramo — *2142.*

Fragment d'une tète de lance où de javelot en silex grisâtre, montée en argent avec anneau.

16. Pierre de foudre. — Palena, Chieti — *1500.*

Tète de flèche en silex blanchatre en forme de triangle isoscèle sans pédoncule, montée en argent avec anneau.

17. Pierre de foudre. — Monte Lupone, Osimo, Ancone — *2002.*

Pierre de fusil en silex grisâtre en forme rectangulaire, montée avec du fil de fer, qui forme un petit anneau pour la suspendre.

Cette pierre de fusil était soigneusement conservée comme pierre de tonnerre par un certain Joseph Tommassoni, dernièrement décédé, qui l'avait recueillie près d'une chène foudroyée.

18. Pierre de foudre. — Préservait des coups de foudre. — Pesco Costanzo, Aquila — 14.

Tète de flèche en silex blanchatre en forme de triangle avec pédoncule, montée en argent avec trois petits anneaux de suspension; un central, en correspondance du pédoncule, deux lateraux simmetriques, en correspondance avec les deux ailerons de la tète de flèche. La monture en argent est soigneusement executée et tres-jolie.

19. Pierre de foudre. — Monteleone, Macerata — 6612.

Tète de flèche en silex en forme triangulaire avec pédoncule, montée en argent avec petit anneau de suspension.

20. Pierre de foudre. — Badiola, Perugia, Ombrie — 746.

Partie d'une tète de flèche en silex, correspondante au pédoncule, montée en argent avec petit anneau.

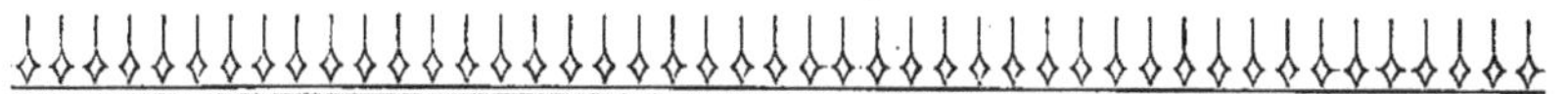

TABLE TROISIÈME

1. Pierre de foudre. — Préservait des coups de foudre. — Assisi, Ombrie — 4094.

Hache polie en roche serpentineuse avec grenats, contenue dans un sachet de cuir, dans le quel était auparavant complètement cousue.

2. Pierre de foudre. — Nocera, Ombrie — 4948.

Hache polie en jadeite, avec trou pour la suspendre.

3. Pierre de foudre. — Ripatransone, Ascoli — *2267*.

Hache polie en jadeite, avec trou.

4. Pierre de foudre. — Visso, Macerata — 4984.

Hache polie en jadeite, avec trou, et restes d'un trou cassé.

5. Pierre de foudre. — Acquasparta, Terni, Ombrie — 4505.

Hache polie en pierre lydienne, avec trou.

6. Pierre de foudre. — Avezzano, Aquila — *181*.

Hache polie avec trou en roche serpentineuse modifiée per l'action du feu.

7. Pierre de foudre. — Préservait des coups de foudre. — Cancellara, Foligno, Ombrie — 2879.

Hache polie en serpentin avec trou ; le tranchant a été émoussé et aplati en transformant l' hache primitive en brunissoir. L'objet lithique et enveloppé et fermé dans un sachet en cuir, conjoinctement aux objets suivants.

1. Des feuilles de rosier, enveloppées dans du papier, sur le quel sont imprimées des prières en langue latine, et l'image de St. François qui reçoit les stimmates [1].

2. Un fragment de petit ruban en soie blanchatre avec plusieurs houppes en soie rougeâtre, appartenant selon toute probabilité à des vêtements sacrés ou votifs.

3. Un petit paquet de papier fermé, contenant une certain quantité de poudre, probablement d'un lieux ou d'un objet sacré.

4. Une prière imprimée, qui commence.

+ I + I + I + I + I

et termine avec un *Amen* et *trois Credo*. Le papier ou se trouvait imprimé cette prière est lacéré et la prière est illisible dans son entier.

8. Pierre de foudre. — Pérouse, Ombrie — 3627.

Hache polie en serpentin, avec trou.

9. Pierre de foudre. — Cortona, Arezzo — 5797.

Hache polie en serpentin, avec trou.

10. Pierre de foudre. — Torre Quadrana, Foligno, Ombrie — *1433*.

Hache polie en jadeite vert foncé, avec trou.

11. Pierre de foudre et pierre néphritique ou du flanc. — Préservait des coups de foudre et des maladies aux reins — 6011.

Brunissoir poli en jadeite avec commencement de deux trous dans les parties terminales. Au regard de la forme et de la couleur

(1) Ces feuilles de rosier proviennent avec toute probabilité du légendaire *Jardin des roses* (sans épines) près Nôtre Dame des Anges, non loin d'Assisi.

vert-poireau, cet objet lithique était regardé non seulement comme pierre de foudre, mais encore comme pierre néphritique et en raison des vertus topiques attribuées à ces pierres on a commencé à faire deux trous sur les parties terminales de cet objet, pour y faire passer des rubans et après cela lier autour des flancs la pierre pendant la maladie des reins, au double but de soulager la douleur et de guérir le mal.

12. Pierre de foudre. — Préservait des coups de foudre. — Ajelli, Aquila — *887.*

Hache polie en jadeite, avec trou.

13. Pierre de foudre. — Foligno, Ombrie — *1069.*

Brunissoir en serpentin avec trou, obtenu avec une hache polie.

14. Pierre de foudre. — Gualdo Cattaneo, Spoleto, Ombrie — 3062.

Hache polie en jadeite, avec trou.

15. Pierre de foudre. — Venafro — *1438.*

Hache polie en jadeite, cassée. Sur les bords lateraux conserve des marques de la combustion d'une ficelle, dont on l'avait contournée plusieurs fois, pour experimenter depuis au feu les vertus des pierres du tonnerre.

16. Pierre de foudre. — Pérouse, Ombrie — 3628.

Hache polie en serpentin avec trou.

17. Pierre de foudre. — Chieti — *776.*

Hache polie en serpentin avec trou.

18. Pierre de foudre. — Capestrano, Aquila — 882.

Hache polie en jadeite, montée en bronze, avec anneau de suspension en fer.

19. Pierre de foudre. — Gubbio, Ombrie — *518.*

Hache polie en jadeite, avec trou.

20. Pierre de foudre. — Préservait des coups de foudre. — Pérouse, Ombrie — 3622.

Hache polie en jadeite vert foncée, avec trou.

21. Pierre de foudre. — Spello, Foligno, Ombrie — 3409.

Hache polie en jadeite, avec trou cassé.

22. Pierre de foudre. — Bovara, Trevi, Ombrie — 4098.

Hache polie en serpentin, avec commencement de trou.

23. Pierre de foudre. — Spello, Foligno, Ombrie — 3408.

Hache polie en serpentin, avec commencement de trou.

24. Pierre de foudre. — Castel delle Forme, Pérouse, Ombrie — 165-*A*.

Hache polie en quartzite blanche, avec commencement de trou.

25. Pierre de foudre. — Fojano, Arezzo — *1821*.

Petite hache polie symbolique en jade vert-émeraude.

26. Pierre de foudre. — S. Gregorio, Assisi, Ombrie — 4450.

Petite hache polie symbolique en argillite compacte, avec trou. Cette hache affecte la forme des haches métalliques de l'age du bronze ou du prémier age du fer, dont le tranchant, obtenu par percussion, surpasse la largeur du corp de l'hache.

27. Pierre de foudre. — Ortona, Aquila — *888*.

Petite hache polie symbolique en jadeite, avec trou et tranchant émoussé.

28. Pierre de foudre. — Pila, Pérouse, Ombrie — 165.

Hache polie en serpentin, avec commencement de trou.

29. Pierre de foudre. — Préservait des coups de foudre. — Polgeto, Umbertide, Ombrie — 4476.

Hache polie en jadeite, avec deux encoches laterales pour la fixer à un manche ou pour la suspendre.

30. Pierre de foudre. — Tignano, Fabriano, Ancone — 2182.

Hache polie en serpentin, avec commencement de trou.

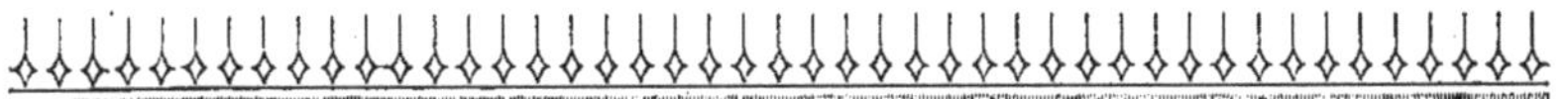

TABLE QUATRIÈME.

1. Pierre serpentine. — En Italie, *pietra serpentina.* — Préservait de la morsure des animaux venimeuz, des reptiles en particulier, et empechait son effect, lorsqu'elle s'était verifiée. — Montepulciano, Toscane — 5746.

Caillou discoidale poli en aphanite, avec trou.

2. Pierre serpentine. — Campagne romaine — 4876.

Petit caillou discoidale en gabre, avec trou ; forme naturelle.

3. Pierre serpentine. — S. Egidio, Pérouse — 5585.

Caillou en jadeite, avec trou ; forme naturelle.

4. Pierre serpentine. — Pérouse — 152.

Caillou en jadeite, avec trou ; forme naturelle.

5. Pierre serpentine. — S. Lucia, Gualdo Tadino, Ombrie — 5771.

Caillou en serpentine, monté en argent avec anneau ; forme naturelle.

6. Pierre serpentine. — Pergola, Ancone — 5661.

Caillou en aphanite, avec trou ; forme naturelle.

7. Pierre serpentine. — Pérouse — 4160.

Caillou en serpentine, avec trou; forme naturelle.

8. Pierre serpentine. — Pérouse — 3626.

Caillou en jadeite, avec trou; forme naturelle.

9. Pierre serpentine. — Grotte, Spoleto — 4268.

Caillou en aphanite, avec trou; forme naturelle.

10. Pierre de foudre et pierre serpentine. — Aux vertus particulières de la pierre serpentine on attribuait aussi à cette amulette, en raison de sa forme, celles des pierres de foudre. — S. Demetrio, Aquila — *985*.

Caillou en aphanite en forme de hache polie, sans le tranchant. Est troué et présente des marques d'un autre trou cassé.

11. Pierre néphritique ou du flanc. — En Italie, *pietra nefritica* ou *del fianco*. — Éloignait les maladies des reins et les guérissait si elles se verifiaient. — Pérouse — 3630.

Caillou discoidale en jadeite; forme naturelle.

12. Pierre serpentine. — Monteleone, Macerata — 6644.

Petit caillou aplati et poli en jadeite vert-foncée, avec trou.

13. Pierre néphritique ou du flanc. — Spoleto — 7.

Caillou ovoidale en jadeite vert foncée, monté en bronze avec deux anneaux pour y fixer des rubans et lier la pierre autour des flancs.

14. Pierre néphritique ou du flanc. — S. Demetrio, Aquila. — 354.

Croix en jadeite, avec trou. Comme on sait, l'Église chrétienne a plusieurs fois défendu avec sévérité l'usage des amulettes ou talismans et la croyance à leurs vertus. Pour obeir aux prescriptions de l'Église et en même temps pour maintenir l'ancienne croyance aux vertus de quelques pierres, on a donné à celles-ci la forme de symboles religieux. La croix en jadeite est un exemple frappant de cette singulière transformation d'idées et de forme.

15. Pierre néphritique ou du flanc. — Arquata, Ascoli — *726.*

Caillou reniforme en jadeite, monté en laiton avec deux fentes laterales pour y passer des rubans, et lier la pierre en cas de maladie aux reins.

16. Pierre néphritique ou du flanc. — Aquila — *405.*

Petit caillou poli en jadeite en forme élyptique, monté en argent.

17. Pierre serpentine et pierre néphritique. — Penna S. Giovanni, Macerata — 3815.

Caillou cordiforme en jadeite vert-foncée, monté en argent avec anneau.

18. Pierre serpentine et pierre de foudre. — Sulmona, Aquila — 693.

Caillou en aphanite en forme de petite hache polie, avec trou.

19. Pierre néphritique ou du flanc. — Serviliano, Macerata — 6613.

Caillou reniforme en jadeite, avec deux trous lateraux; forme naturelle.

20. Pierre néphritique ou du flanc. — Gubbio — 5812.

Jade (?) en forme cylindrique, avec tête élargie.

21. Pierre néphritique ou du flanc. — Monte Rubbiaglio, Ascoli — *2177.*

Tablette rectangulaire en plasme chloritique, montée en argent. Possedait deux anneaux pour y fixer des rubans, mais actuellement sont cassés.

22. Pierre néphritique ou du flanc. — Bastia, Pérouse — 5689.

Tablette rectangulaire en plasme chloritique vert-foncé, avec deux trous.

23. Pierre néphritique ou du flanc. — Près de Florence — 2249.

Plasme chloritique en forme de coeur renversé, avec trou.

24. Pierre néphritique ou du flanc. — Ceresola, Nocera, Ombrie — 6235.

Tablette rectangulaire en jade, montée en argent avec deux anneaux pour les rubans. Présente un trou.

25. Pierre néphritique ou du flanc. — Pérouse — 5795.

Tablette rectangulaire en jade, avec trous.

26. Pierre néphritique ou du flanc et pierre du lait. — Marcellano, Spoleto — *716*.

Pendeloque presque cylindrique en saussurite, arrondi et élargi au bout inferieur, avec trou pour le suspendre, dans l'extremité superieure. Présente des marques d'un trou ancien cassé. Selon toute probabilité cette amulette contemporaine, est une ancienne forme phallique romaine.

27. Pierre serpentine et pierre néphritique ou du flanc. — Cortona, Arezzo — 4977.

Jadeite cordiforme, avec trou pour la suspendre, cassée d'un coté.

28. Pierre sanguine ou du sang. — En Italie, *pietra sanguinella* ou *sanguigna*, et encore *pietra del sangue.* — Empèche la sortie naturelle du sang des toutes les parties du corps; en arrète l'écoulement si se verifie, et en manière particulière si on l'applique sur les blessures. — Oscane, Pérouse — 2795.

Caillou en jaspe sanguin; forme naturelle, cassée d'un coté.

29. Pierre sanguine ou du sang. — Pérouse — 1055.

Jaspe sanguin en forme presque romboidale, avec trou.

30. Pierre sanguine ou du sang. — Pérouse — 5796.

Jaspe sanguin cordiforme, avec trou.

31. Pierre néphritique ou du flanc. — Sulmona, Aquila — *2266.*

Tablette en jadeite, en forme de rein, montée en argent avec deux anneaux pour y passer des rubans.

32. Pierre sanguine ou du sang. — Palena, Chieti — *1489.*

Tablette presque rectangulaire en jaspe sanguin, montée en argent avec beaucoup d'élégance et finesse d'exécution. Présente un anneau pour la suspendre. Probablement cette tablette est une partie d'un couvercle de petite boite.

33. Pierre sanguine ou du sang; pierre néphritique ou du flanc. — Aquila — *896.*

Tablette rectangulaire en jaspe sanguin, montée en argent avec deux anneaux pour les rubans.

34. Pierre sanguine ou du sang. — Cetona, Sienne — *787.*

Iaspe sanguin en forme d'écusson, avec trou.

35. Pierre sanguine ou du sang. — Pérouse — 3513.

Jaspe sanguin en forme de boule spherique trouée.

36. Pierre néphritique ou du flanc. — Cerreto, Spoleto — 2720.

Tablette en jade, en forme de rein.

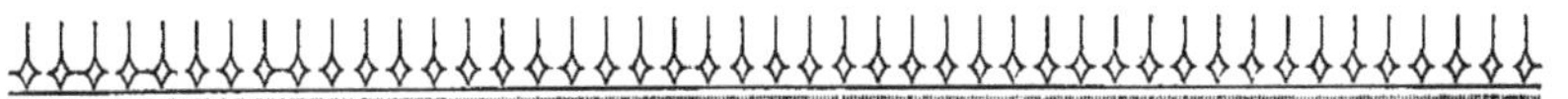

TABLE CINQUIÈME

1. Pierre du lait. — En Italie, *pietra del latte, pietra lattajuola* ou simplement *latteruolo.* — Aide la sécrétion du lait. — Pérouse — 3617.

Grain ovoidal de jaspe gris tachété, à surface polie et facettée, avec trou longitudinal.

2. Grenates. — Contre la tristesse et le chagrin. — Pérouse — 5815.

Grand'épingle en argent, au sommet du quel se trouvent quatre grenats polis et facettés, l'un fixe, les trois autres liés par une chainette en argent; ces derniers forment une sorte de pendant à l'épingle. Les grenats sont generalement portés par les veuves, en attribuant à ces pierres la vertu de soulager le chagrin du veuvage.

Cette amulette démontre qu'on suive à attribuer aux pierres leurs vertus particulières, bien que appliquées à la parure personelle.

3. Jaspe. — Contre l'écoulement du sang en general, et en particulier appliqué sur les blessures; assure la regularité des menstrues. — Chieti — *2273.*

Jaspe jaunâtre tachété, en forme de coeur, monté en argent.

4. Jaspe. — Sellano, Spoleto, Ombrie — 4027.

Jaspe jaunâtre pyriforme, monté en argent avec anneau.

5. Pierre du sang. — Pérouse — 3044.

Jaspe rouge en forme de coeur, monté en argent.

6. Pierre du sang. — Pérouse — 4916.

Jaspe rougeâtre en forme de prisme rectangulaire, arrondi au bout inferieur, monté en laiton avec anneau.

7. Pierre du sang. — Villa di Collelungo, Aquila — *1174.*

Jaspe rouge pyriforme, à surface cannelée, monté en argent avec anneau.

8. Zaphir. — Préservait les yeux des maladies; eloignait la mélancolie. — Città di Castello, Ombrie — 4860.

Petit caillou en zaphir, forme naturelle. Cette amulette était conservé par une vieille femme dans un sachet avec des reliques sacrées; on lui attribuait les vertus d'empecher la migraine et de maintenir la joyeuse humeur.

9. Pierre de la croix. — En Italie, *pietra crocina* ou *della croce.* — Contre les sorciers et les charmes. — Pérouse — 3670.

Disque poli en staurotide, avec un petit sillon au contour.

10. Pierre du sang. — Pérouse — 3616.

Grain de jaspe rougeâtre poli et facetté, avec trou.

11. Pierre du sang. — Pérouse — 3618.

Grain de jaspe rougeâtre poli et facetté, avec trou.

12. Ambre. — Contre les charmes et les ensorcellements — Città di Castello, Ombrie — 4862.

Lentille en ambre, retrouvée dans un sachet des reliques d'une vieille femme.

13. Ambre. — Pérouse — 1037.

Grain facetté en ambre, avec trou.

14. Ambre. — Pérouse — 4921.

Tablette presque rectangulaire en ambre, avec trou. Dans l'ambre est comprise une fourmi.

15. Ambre. — Pérouse — 3661.

Grain facettè en ambre, avec trou.

16. Ambre. — Bagnaia, Pérouse — 1027.

Grain en ambre, avec trou.

17. Pierre du sang, pierre du lait. — Aquila — *154.*

Grain en jaspe rouge facettè avec trou, par où passe une ficelle qui servait à le fixer aux vêtements. Par sa nature et par la couleur rouge, la vertu de l'amulette est celle des pierres du sang; mais on lui attribuait aussi la vertu des pierres du lait.

18. Pierre du sang, pierre du lait. — Compignano, Marsciano, Pérouse — 2616.

Comme le numero précedent, aussi pour la double attribution des vertus.

19. Verre du mauvais oeil. — En Italie, *vetro del malocchio* ou *dell'occhio.* — Contre le mauvais oeil et la fascination. — S. Croce, Chieti — 525.

Gros verre en forme ovoide à surface anterieure carenée, à surface posterieure doucement curviligne, monté en argent avec anneau de suspension.

En tenant l'objet en manière que son axe longitudinale soit horizontale et en observant alors du coté de la surface posterieure, on voit se dessiner comme une figure d'un oeil obscur sur le champ limpide du verre, et c'est precisement cet oeil inclus dans le verre, qui a la vertu de s'opposer au mauvais oeil.

20. Verre du mauvais oeil. — Palena, Chieti — *1492.*

Pendant d'un lampadaire en cristal jaune, facettè, tres-limpide, monté en argent avec anneau.

21. Verre du mauvais oeil. — Pérouse — 3043.

Tablette élyptique en verre vert, montè en argent avec deux anneaux.

22. Verre du mauvais oeil. — Manopello, Aquila — *1212*.

Forme humaine grossièrement sculptée en sélénite, montée en argent avec anneau. Cette forme humaine est en attitude de répousser quelque chose avec le bras droit soulevé.

23. Verre du mauvais oeil. — Palena, Chieti — 1494.

Tablette en forme rombique de cristal facettè très-limpide, employée jadis comme pendant d'un lampadaire et depuis comme moyen pour répousser le mauvais oeil. Dans les quatre angles de la tablette on a quatre trous, dont un conserve encore les fils qui la fermaient à un corset d'une femme.

24. Verre du mauvais oeil. — Palena, Chieti *1491*.

Pendant d'un lampadaire en cristal facetté et trés-limpide, monté en argent avec anneau.

25. Verre du mauvais oeil. — Aquila — 335.

Cristal avec la même forme et les mêmes particularités et vertus du numero 19. Est monté en laiton.

26. Verre du mauvais oeil. — Palena, Chieti — 1498.

Tablette élyptique de sélénite avec trou, montèe en argent.

27. Verre du mauvais oeil. — Marano, Aquila — *769*.

Cristal en forme ovoidale finement facetté très-limpide, avec deux trous, monté en argent avec anneau. Ce cristal avant d' être monté en amulette faisait partie d'un lampadaire.

28. Verre du mauvais oeil. — Pila, Pérouse — 4218.

Tablette élyptique en verre azur, monté en cuivre avec anneau. On trouva cette amulette suspendu au cou d' un petit enfant.

29. Verre du mauvais oeil. — Palena, Chieti — *1493.*

Bouchon d'ampoule en verre, conformé à tête sphérique facettée, monté en argent et en partie cassé.

30. Verre du mauvais oeil. — Chieti — *808.*

Lentille biconvexe en verre limpide, montée en argent avec anneau; présente des analogies avec le bulbe d'un oeil.

31. Verre du mauvais oeil. — Acciano, Aquila — 1058.

Petite lentille concavo-convexe en verre, en forme de bulbe d'un oeil, avec le contour relevé, comme les bords des paupières; est montée en argent.

32. Verre du mauvais oeil. — Pacentra, Aquila — *1559.*

Anneau formé d'une sorte de cordon en verre entortillé, suspendu moyennant un ruban et petit anneau en argent.

33. Verre du mauvais oeil. — Chieti — *810.*

Lentille en verre plaine-convexe, montée en argent avec anneau. Sur la surface anterieure plaine est imprimée la figure d'une femme qui soutient des fleurs; la surface posterieure convexe est finement facettée.

34. Verre du mauvais oeil. — Chieti — *807.*

Boule en verre vert foncé, melangé d'ornementations blanchatres, montée en argent avec anneau. La boule en verre remonte à l' époque romaine.

35. Verre du mauvais oeil et pierre du lait. — Contre le mauvais oeil et en même temps pour aider la sécrétion du lait. — Chieti — *809.*

Bouchon de petite ampoule à parfums en verre blanc-laiteux, monté en argent avec anneau.

36. Verre du mauvais oeil. — Aquila — *626.*

Boule en verre azur, avec trou.

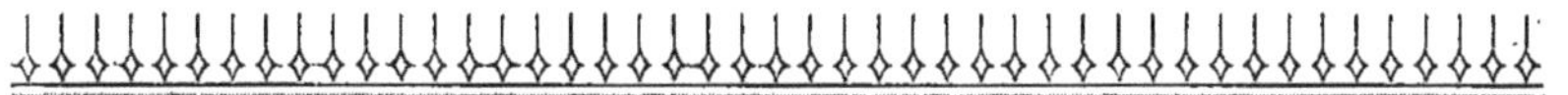

TABLE SIXIÈME.

1. Pierre du sang. — Pérouse, Ombrie — 2006.

Agathe pyriforme jaune rougeâtre avec un trou au sommet par où devait passer un ruban ou une ficelle pour la suspendre, comme dans l'amulette n.° 7.

2. Pierres du lait, boules lactées. — En Italie, *palle lattee.* — Aidaient la sécrétion du lait. — Campagne romaine — 4721.

Deux boules en agathe de differente grandeur; la plus grande lactée, la plus petite rosée. Ces deux boules ont été trouvées liées ensemble sur le corset d'une nourrice.

3. Pierre du mauvais oeil. — Pérouse, Ombrie — 2903.

Boule en agathe zonée avec trou. La disposition des differentes zones après la coupure, fait ressembler cette boule en agathe au bulbe d'un oeil d'un animal, correspondant à la forme désignée par les anciens avec le nom de *leucophtalme.*

4. Pierre du lait. — Deruta, Pérouse, Ombrie — 2235.

Agathe cordiforme du couleur et de l'aspect des ongles, *onix* des anciens, avec un trou au sommet.

5. Pierre du mauvais oeil. — Pérouse — 4879.

Boule en agathe zonée avec trou. Les zones sont disposées en manière que l'ensemble présente, bien que irregulièrement, la figure d'un oeil humain.

6. Pierre du mauvais oeil, pierre du lait. — Pérouse — 3660.

Grosse boule en calcedoine zonée; la disposition regulière des zones dessine l'ouverture d'un oeil humain ; la difference existante dans la translucidité des zones mêmes, determine un mouvement apparent de l'oeil, en rapport avec les differentes positions, d'où on regarde la boule.

7. Pierre du sang. — Pérouse — 4886.

Agathe pyriforme jaune rougeâtre, avec trou dans le sommet. Un ruban de soie rouge traverse le trou et se trouve ajusté en noeud. Cette amulette était suspendue à la tète d'un lit, parmi des images de Saints et de petites Madones.

8. Pierre du mauvais oeil, pierre du lait. — Aquila — *1506.*

Boule en calcedoine rosée avec trou et zone circulaire blanche, regardée comme un oeil. Dans le trou se trouve un passant en argent avec anneau de suspension.

9. Pierre du lait. — Castel delle Forme, Pérouse — 1055.

Boule en calcedoine grisâtre avec trou. Présente des marques de l'action du feu.

10. Pierre du lait. — Pérouse — 3615.

Boule en sélénite, avec trou.

11. Pierre du lait, pierre du mauvais oeil. — Aquila — *153.*

Boule en calcedoine laiteuse modifiée par l'action du feu. Présente une petite zone circulaire blanche, regardée comme un oeil.

12. Pierre du lait, pierre du mauvais oeil. — Pérouse — 2904.

Petit caillou en calcedoine blanc-rosée; forme naturelle.

13. Pierre du lait. — Arezzo, Toscane — 3756.

Calcedoine laiteuse en forme de cylindre, avec trou.

14. Pierre du mauvais oeil. — Pérouse — 4878.

Boule en calcedoine avec trou. Présente une tache circulaire rouge foncée, qui a la forme d'un oeil. L'objet a été modifié par l'action du feu.

15. Pierre du lait. — Papiano, Pérouse — 2610.

Boule en calcedoine laiteuse avec trou ; conserve encore les fils qui la fixaient au corset d'une nourrice.

16. Pierre du lait. — Pérouse — 16.

Boule ovoidale en calcedoine laiteuse, trouée et facettée longitudinalement.

17. Pierre du sang. — Pérouse — 2779.

Boule en cornaline, avec trou.

18. Pierre du sang. — Cortona, Arezzo — 2743.

Grain bipyramidé en cornaline, avec trou.

19. Pierre du lait. — Pérouse — 5814.

Boule en calcedoine laiteuse disposée au bout d'une grosse épingle en argent. Cette amulette est un autre exemple de l'application des mineraux ou des pierres, aux quelles on suive à attribuer des vertus particulières, à la parure personelle.

20. Pierre du sang. — Pérouse — 20.

Tablette romboidale en cornaline, avec trou longitudinal.

21. Pierre du sang. — Foligno, Ombrie — 21.

Tablette ronde en cornaline avec trou.

22. Pierre du sang. — Boschetto, Gualdo Tadino — 6076.

Prisme hexagone en cornaline, avec trou.

23. Pierre du sang. — Norcia, Spoleto, Ombrie — 23.

Tablette ronde en cornaline, avec trous.

24. Pierres du sang. — Pérouse — 5438.

Tablette romboidale en cornaline, avec trou.

25. Pierre du sang. — Città di Castello, Pérouse — 4712.

Tablette en agathe en forme romboidale, avec trou au sommet par où passe une chainette en cuivre dejà argenté, avec anneau de suspension. Cet objet fut trouvé à la tète d'un lit, mais dans le siecle dernier les dames avait la coutume de porter à la ceinture des pendeloques en agathe, suspendus à des chainettes métalliques, tout à fait semblables à cette amulette.

26. Pierre du sang. — Pérouse — 26.

Tablette romboidale en cornaline, avec trou.

27. Pierre du sang. — Monteleone, Orvieto, Ombrie — 768.

Petit caillou en cornaline, avec trou au sommet; forme naturelle.

28. Pierre du lait. — Valfabrica, Pérouse — 4864.

Tablette poligonale en agathe jaunâtre, avec des parties laiteuses; la pierre est trouée.

29. Pierre du lait — Castiglione del Lago, Pérouse, Ombrie — 2694.

Boule en agathe laiteuse dans une épingle à cheveux. L'objet était porté par une nourrice.

30. Pierre du sang. — Pérouse — 2565.

Tablette en forme ovale en agathe jaune foncée avec des parties laiteuses, trouée au sommet. Corresponde au n.° 25 pour la forme et la destination; manque la chainette métallique.

31. Pierre du lait, pierre du mauvais oeil — Palena, Chieti — *1495.*

Boule en calcedoine en partie laiteuse, avec taches circulaires foncées ressemblantes aux yeux. Dans le trou on a un passant en argent avec anneau de suspension.

32. Pierre du lait. — Colle Armena, Aquila — 620.

Caillou presque pyriforme en calcedoine lactée, avec trou au sommet.

33. Pierre du lait, pierre étoilée — Aidait la sécrétion du lait et préservait les enfants des vers intestinaux. — Aquila — 632.

Boule formée, avec un fragment de madréporite fossile trouée.

34. Pierre du sang — Pérouse — 6740.

Boule en cornaline trouée et montée sur une épingle en argent. Autour de la boule se developpent les spires d'un petit serpent en argent. Cette amulette est une autre démonstration du principe, qu'on suive à attribuer aux pierres des vertus particulières, bien que appliquées à la parure personelle.

35. Pierre du lait. — S. Lorenzo, Aquila — 6699.

Disque en calcedoine laiteuse, troué.

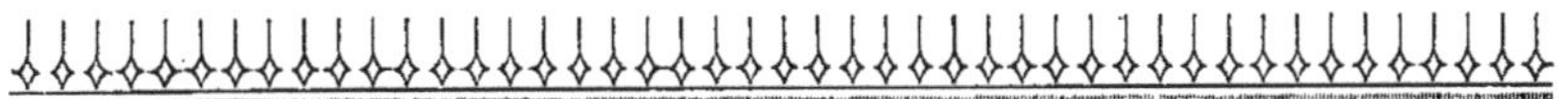

TABLE SEPTIÈME.

1. Pierre étoilée. — En Italie, *pietra stellaria* ou simplement *stellaria.* — Contre le mauvais oeil et la fascination; préservait les pétits enfants des vers intestinaux. — Aquila — *331.*

Tablette cordiforme en madréporite fossile, montée en argent avec anneau de suspension terminé avec une feuille et petit bouton. À la pointe du coeur en pierre corresponde un autre petit coeur en argent.

2. Pierre étoilée. — Aquila — *2214.*

Tablette cordiforme en madréporite fossile, gris-rougeâtre, montée en argent.

3. Pierre étoilée. — Aquila — *330.*

Grande tablette cordiforme en madréporite fossile, montée en argent.

4. Pierre étoilée. — Aquila — *139.*

Comme le numéro 3.

5. Pierre étoilée. — Aquila — *144.*

Tablette cordiforme en madréporite fossile, montée en argent avec petite chainette, par la quelle l'objet était suspendu à un groupe d'amulettes.

6. Pierre étoilée. — Aquila — *2213.*

Grande tablette cordiforme en madréporite fossile, montée en argent.

7. Pierre étoilée. — Aquila — *329.*

Grande tablette cordiforme en madréporite fossile, montée soigneusement en argent. Sur la tablette en pierre on voit une incision représentante un second coeur plus petit, compris dedans une ligne qui marche parallele au contour du coeur plus grand. En correspondance de la pointe du coeur, on voit imprimés les trois clous sacrés.

8. Pierre étoilée. — Aquila -- *332.*

Tablette cordiforme en madréporite fossile blanchatre, montée en argent.

9. Pierre étoilée. — Rischia, Aquila — 6751.

Tablette en forme de coeur renversé, en madréporite fossile.

10. Pierre étoilée. — Palena, Chieti — 1497.

Tablette cordiforme en madréporite fossile avec trou, montée en argent.

11. Pierre étoilée. — Aquila — 2215.

Tablette en madréporite fossile rougeâtre, en forme de coeur renversé, montée en argent.

12. Pierre étoilée. — Pérouse — 3636.

Tablette cordiforme en madréporite fossile, avec trou, montée en argent.

13. Pierre étoilée. — Aquila — *2216.*

Grande tablette élyptique en madréporite fossile, bombée sur les deux surfaces, dans l'une des quelles est sculptée la tète du Redempteur, dans l'autre l'image de la Vierge. Auparavant ell' était montée en argent. Nouvel et éloquent exemple du melange des idèes primitives sur les vertus des pierres avec les conceptions religieuses.

14. Pierre étoilée. — Petritoli, Macerata. — *2183.*

Grande tablette cordiforme en madréporite fossile, avec le bord soigneusement ajusté.

15. Pierre étoilée. — S. Marco, Aquila — 6697.

Grande tablette cordiforme en madréporite fossile, avec pédoncule travaillé sur le bord.

16. Pierre étoilée. — Camerino, Macerata — *326.*

Tablette cordiforme en madréporite fossile, montée en argent.

17. Pierre étoilée. — Pérouse — 3629.

Tablette cordiforme en madréporite fossile, avec trou, montée en argent.

18. Pierre étoilée. — Aquila — *333.*

Comme le numéro 17.

19. Pierre étoilée. — Pérouse — 1892.

Tablette cordiforme en madréporite fossile. On portait cette amulette sur la personne, cousue dans le corset.

20. Pierre étoilée. — Pérouse — *2217.*

Tablette rectangulaire en madréporite fossile, avec deux trous. Elle joignait une serie de boules en corail dans un collier.

21. Pierre étoilée. — Pérouse — 6031.

Tablette cordiforme en madréporite fossile, montée en argent.

22. Pierre étoilée. — S. Maria degli Angeli, Assisi, Ombrie — 5372.

Tablette cordiforme en madréporite fossile, montée [en argent avec deux anneaux lateraux pour fixer des rubans.

23. Pierre étoilée. — Fabriano, Ancone — 1034.

Tablette élyptique en madréporite fossile, montée en argent avec deux anneaux lateraux. Partie central d'un collier en coraux.

24. Pierre étoilée. — Pérouse — 3631.

Tablette rectangulaire en madréporite fossile, montée en argent avec deux anneaux lateraux.

25. Pierre étoilée. — S. Biagio, Pérouse — 341.

Tablette cordiforme en madréporite fossile, montée en argent avec deux anneaux lateraux.

26. Pierre étoilée. — Pérouse — 3635.

Tablette élyptique en madréporite fossile.

27. Pierre étoilée. — S. Anatolia, Aquila — 1403.

Tablette presque cordiforme en madréporite fossile, avec trou. Sur une partie du contour on voit des incisions, sous forme de lignes entrecroisées.

28. Pierre étoilée. — Pérouse — 1893.

Tablette cordiforme en madréporite fossile.

29. Pierre étoilèe. — Bastia, Pérouse — 6447.

Tablette cordiforme en madréporite fossile, avec trou.

30. Pierre étoilée. — Pérouse — 6559.

Tablette cordiforme en madréporite fossile rougeâtre, avec trou.

31. Pierre étoilée. — Sulmona, Aquila — 487.

Tablette cordiforme en madréporite fossile, avec pèdoncule.

32. Pierre étoilée. — Pérouse — 4201.

Caillou en madréporite fossile très-poli à cause du long usage. Une vieille femme a porté ce caillou plusieurs années de suite dans une poche.

33. Pierre étoilée. — Menafreno, Aquila — *86.*

Tablette cordiforme en madréporite fossile, avec pédoncule.

34. Pierre étoilée. — Spello, Foligno, Ombrie — 6024.

Tablette cordiforme en madréporite fossile, avec trou.

35. Pierre étoilée. — Avezzano, Aquila — *104.*

Tablette cordiforme en madréporite fossile, rougeâtre.

36. Pierre étoilée. — Rischia, Aquila — *2218.*

Tablette cordiforme en madréporite fossile, avec trou dans le quel passe encore une partie de la ficelle, qui la suspendait aux vêtements d'un petit enfant.

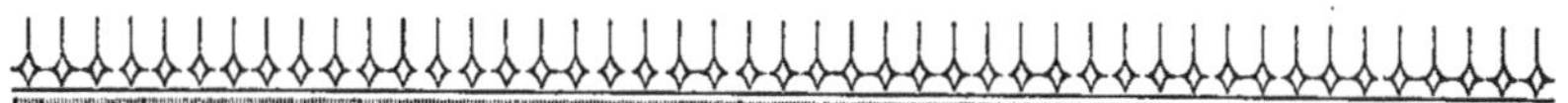

TABLE HUITIÈME.

1. Pierre contre les sorciers. — Fonte Vetriana, Sienne — 6251.

Pendeloque en forme de tablette presque rectangulaire en argillite, avec trou.

2. Pierre contre les sorciers. — Fonte Vetriana, Sienne — 1848.

Tablette en schiste chloritique, avec trou. Ancienne pierre à aiguiser.

3. Pierre contre les sorciers. — Umbertide, Pérouse — 566.

Caillou en limonite argileuse concretionnée en forme botryolithique, avec trou.

4. Pierre contre les sorciers. — Sulmona, Aquila — 432.

Tablette en schiste chloritique, avec trou. Ancienne pierre à aiguiser, tres-usée et cassée.

5. Pierre contre les sorciers. — Sulmona, Aquila — 5.

Pendeloque en schiste argileuse, ou argillite, avec trou.

6. Pierre contre les sorciers. — Postignano, Trevi, Ombrie — 4130.

Tablette en schiste chloritique avec large trou; ancienne pierre à aiguiser. Cette amulette était suspendue au collier d'un brebis et protegeait le troupeau au quel appartenait, contre les sorciers et les ensorcellements.

7. Pierre contre les sorciers et le mauvais oeil. — Cancellara, Foligno, Ombrie — 5366.

Hématite brune concretionnée, très-luisante à la surface.

8. Pierre contre les sorciers. — Pérouse — 5598.

Tablette en schiste noir avec un sillon à la partie superieure pour y adapter une liaison.

9. Pierre contre les sorciers. — Tavernelle, Panicale, Pérouse — 4976.

Tablette presque rectangulaire en schiste chloritique, avec trou. Forme intentionelle, à la quelle correspondent les pierres à aiguiser.

10. Pierre de la grossesse. — En Italie, *pietra gravida.* — Assure le cours régulier de la grossesse, liée ou suspendue au bras gauche, pendant le temps de la gestation ; depuis, lorsque la femme est en travail d'enfant, cette amulette est d'un secours très-valid, liée à la cuisse gauche. — Massa Martana, Pérouse — 4447.

Limonite argileuse concretionnée en forme de boule. Dans l'interieur de la pierre on a des parties détachées de la masse, et lorsqu'on secoue la pierre, on entend comme un leger bruit. Ces parties détachées sont considerées comme des petites pierres, filles de la pierre-mère, qui les comprende. Par cette analogie très-singulière, et aussi par la forme, qui a quelque analogie avec celle d'un uterus, la pierre est regardée comme l'amulette de la grossesse, non seulement pour les femmes, mais aussi pour les femelles des animaux domestiques. On conservait cette amulette dans un sachet.

11. Pierre de la grossesse. — Pérouse — 3549.

Caillou en limonite argileuse concretionnée ayant les vertus attribuées au n.° 10. Cette amulette était employée pendant la grossesse et l'accouchement des femelles des animaux domestiques.

12. Pierre de la grossesse. — Arezzo, Toscane — 4125.

Petit caillou ovoidale en limonite argileuse concretionnée, monté en argent avec deux anneaux, pour y passer des rubans et lier l'amulette autour du bras ou de la cuisse d'une femme, pendant la grossesse et l'accouchement.

13. Pierre de la grossesse. — Spoleto, Ombrie — 4366.

Comme le numéro 12.

14. Pierre de la grossesse. — Foligno, Ombrie — 2052.

Petit caillou en limonite concretionnée, monté en argent avec anneau de suspension.

15. Pierre de la grossesse. — Campi, Norcia, Ombrie — 4129.

Caillou presque globulaire en limonite concretionnée. Il était monté en argent.

16. Lame en plomb. — Contre les vers, dans les plaies purulentes des animaux. — Passignano, Pérouse — 3412.

Fragment de plomb grossiérement taillé, avec trou. On suspendait cette amulette au cou des cochons et des brebis, ayants des plaies vermineuses, au but d'en éloigner les vers.

17. Hématite. — Contre les sorciers et le mauvais oeil; pour arrêter l'écoulement du sang. — Gualdo Tadino, Ombrie — 4827.

Fragment d'hématite en forme de tronc de cone poli, avec trou.

18. Pierres de St. Lucie. — Préservent les yeux des maladies et les guérissent, s'ils en sont pris. — Papiano, Pérouse — 4121.

Petites pierres calcaires en forme discoidale très-aplatie. On les place dedans la paupiére inférieure pour un certain temps, en cas de maladie aux yeux; on les retient sur soi même comme préservatif.

19. Pierres du crapaud. — Contre les venins. — Monteleone, Orvieto — 4582.

Trois petits cailloux calcaires en forme discoidale, ayants à la surface des petites taches de fer hydraté. Ces cailloux furent recueillis sur les bords d'un étang, frequenté des crapauds, et après cela regardés bien qu' erronèment, comme les pierres de cet animal.

20. Pierre de la grossesse. — Pérouse — 5688.

Gros caillou en forme èlyptique en limonite argileuse concretionnée, monté en laiton avec deux anneaux, par où passe un ruban destinè a lier la pierre à une des extremités antérieures ou postérieures des vaches ou des juments.

21. Pierres du limaçon. — Guérissaient la maladie, dite *gravelle.* — Castel del Piano, Pérouse — 5383.

Ces petites pierres tirées des limaçons ont été employées plusieurs fois pour guérir la gravelle, en les faisant bouillir dans une certaine quantité de vin et buvant ensuite celle-ci. Le possesseur de ces pierres disait de les avoir prêtées plusieurs fois au but susdit, et toujours avec avantage.

22. Pierres des hirondelles. — Contre les maladies de la tète, contre les affections douloureuses des yeux. — Papiano, Pérouse — 4122.

Ces pierres ont été extraites du ventricule de deux jeunes hirondelles penetrées dans une maison de campagne le mois d'Août, pendant le temps, que le soleil se trouvait dans la constellation du Lion et sectionnées encore vivantes. Pour éloigner la douleur des yeux, on doit tenir ces pierres dans l'eau fraiche et faire ensuite des ablutions fréquentes avec cette eau.

23. Pyrite. — Préservait les yeux des differentes maladies et les guérissait, s'ils en étaient affectés; préservait aussi des coups de foudre. — Foligno, Ombrie — 2051.

Pyrite triglife cristallisée, légèrement hydratée à la surface, montée en argent.

24. Poids en plomb. — Contre les vers dans les plaies purulentes des animaux. — Assisi, Ombrie — 3658.

Ce plomb, en forme de poids aplati, porte un fragment de ficelle à son extremité supérieure. Il était conservé dans un'étable à cochons et on le suspendait au cou de ces animaux et aussi des brebis, lorqu'ils présentaient, sur quelque partie de leur corps, des plaies vermineuses.

25. Pierre de la grossesse; contre les sorciers. — Venere, Aquila. — 211.

Caillou en argillite avec trou, arrondi aux extremités et terminé avec des bords lateraux parallelcs. Il a une certaine ressemblance avec la forme d'un *uterus*.

26. Gland de St. Anselme; pierre du lait. — Préservait les champs des tempêtes de grèle; aidait la sécrétion du lait. — Gaglietole, Gualdo Cattaneo, Ombrie — 5678.

Grain en albâtre en forme ovoidale acuminée, avec trou. On dit que pendant le jour de la fête de St. Anselme, se verifia une grosse décharge de grèle et que chaque grain tombé à terre, se transforma tout de suite en pierre, conservant la grosseur et la forme, que présentait pendant la chute. Le grain d'albâtre désigné au n.° 36 est un de ces grains de grèle et il était soigneusement conservé comme moyen très-sur pour éloigner des champs, des nouvelles tempètes de gréle.

27. Pierre du lait. — Pérouse — 4881.

Grain en albâtre en forme ovoidale avec trou et surface cannelée.

28. Contre les sorciers. — Città di Castello, Pérouse — 2751.

Caillou en silex avec croûte calcaire et avec un trou naturel. Sa forme lui donne une lointaine ressemblance avec une figure humaine monstrueuse.

29. Contre les sorciers; pierre de la grossesse. — Aquila — 1668.

Caillou en grés en forme irregulière, avec trou. Ce caillou était conservé dans un'étable, suspendu au mur, avec le double but de préserver les animaux de l'action malfaisante des sorciers, et d'assurer le cours régulier de la grossesse aux vaches.

30. Contre les sorciers et le mauvais oeil; pierre du lait. — Pérouse — 2905.

Caillou en albâtre soigneusement poli, en forme de sceau, avec trou.

31. Contre les sorciers. — Castelnuovo, Cannara, Ombrie — 2108.

Forme naturelle d'anneau en calcaire siliceux, poli.

32. Contre les sorciers; pierre de la grossesse. — Fonte Vetriana, Sienne — 1558.

Gros caillou arrondi aux bords, en calcaire grisâtre avêc un trou. Sur la surface on voit d'autres trous commencés. Ce caillou était conservé dans un'ètable, aux mêmes buts designès au n.° 29.

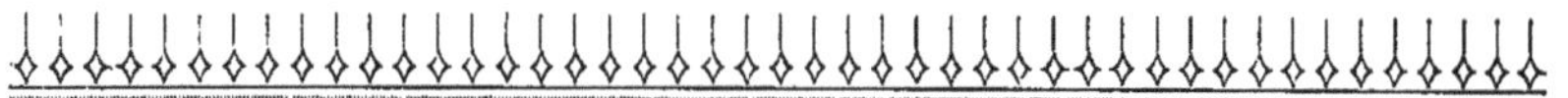

TABLE NEUVIÈME.

1. Corail rouge. — Contre le mauvais oeil. — Forme, Aquila — *622*.

Branche de corail en forme de bras et main, avec index ithyphallique, montée en argent.

2. Corail rouge. — Gualdo Tadino, Ombrie — 4957.

Branche de corail, montée en argent.

3. Corail rouge. — Pérouse — 5824.

Branche de corail rouge en forme cylindrique, arrondi dans l'extrémité inférieure, montée en argent. Forme phallique.

4. Corail rouge. — Contre le mauvais oeil et la mélancolie; préservait des crachats sanguins. — Pérouse — 3689.

Branche de corail, montée en argent.

5. Corail rouge. — Pérouse — 3759.

Branche de corail en forme de bras et main, avec index ithyphallique, cassée. Montée en argent.

6. Corail rouge. — Badiola, Pérouse — 5925.

Branche de corail en forme presque cylindrique, avec l'extrémitè inférieure grossie, montée en argent. Forme phallique.

7. Corail rouge. — Pérouse — 4923.

Branche de corail, montée en argent.

8. Corail rouge. — Contre le mauvais oeil; assurait le cours régulier de la menstruation — Bastia, Pérouse — *1412.*

Perle en corail rouge, montée en cuivre doré.

9. Corail rouge. — Pérouse — 5199.

Fragment de corail rouge, monté en argent.

10. Corail rouge. — Pérouse — 3755.

Grosse épingle ensiforme en argent, terminée au bout supérieur avec un fragment de corail en forme de main serrée, dont le pouce reste parmi l'index et le médius. Cette forme particulière du doigt ithyphallique était deja en usage, pour combattre le mauvais oeil et la fascination, dès l'ancienne époque romaine. Cette amulette est un autre exemple de l'application des amulettes aux objets de parure personelle, sans que pour cela les vertus des pierres soient négligées.

11. Corail rouge. — Contre le mauvais oeil et pour empecher la perte du sang des differentes parties du corps. — Pérouse — 3753.

Fragment de corail en forme de bras avec main serrée, dont le pouce reste parmi l'index et le médius.

12. Corail rouge. — Pérouse — 2053.

Fragment de corail cordiforme, monté en argent avec anneau.

13. Corail rouge. — Pérouse — 5435.

Branche de corail, montée en argent.

14. Corail rouge. — Pérouse. — 4918.

Fragment cylindrique de corail rouge, terminé en forme de main avec doigt ithyphallique, monté en argent.

15. Pierre du paon. — Contre le mauvais oeil. — Pérouse — 3632.

Fragment cordiforme de malachite, monté en argent avec deux anneaux. On a donné le nom de pierre de paon à cette pierre gemmaire en raison de sa couleur et des figures circulaires, qu'on voit à sa surface, et qu'on regarde comme des yeux, analogues aux figures semblables, qu'on a sur les plumes de la queue du paon.

16. Pierre du paon. — Pérouse — 3634.

Fragment de malachite cordiforme, monté en métal avec anneau.

17. Corail rouge. — Assisi, Ombrie — 1260.

Corail rouge, monté en argent avec anneau. Sur le corail on trouve sculpté une forme de femme à genoux. Cette amulette démontre, comme les vertus du corail ne sont pas négligées, bien que la pierre ait une représentation religieuse.

18. Pierre du paon. — Pérouse — 18.

Malachite en forme de coeur renversé, montée en argent avec anneau.

19. Pierre du paon. — Collemancio, Bettona, Ombrie — 370.

Malachite en forme de coeur, montée en argent avec anneau.

20. Corail rouge. — Pérouse — 4919.

Branche de corail, montée en argent.

21. Corail rouge. — Contre le mauvais oeil; assurait la regularité des menstrues; empêchait la perte du sang des differentes parties du corps. — Assisi, Ombrie — 3758.

Grain de corail rouge brut, avec trou. On porte ordinairement un grain de corail de telle sorte, enfilé avec les grains polis et facettés qui forment les colliers. Tandis que ces derniers grains ne servent que pour se parer, le grain brut possède en particulier les vertus attribuées au coraux.

22. Pierre du lait. — Contre les sorciers; aide la sécrétion du lait. — Pile, Pérouse — 22.

Grain de corail blanc, brut, avec trou.

23. Corail rouge. — Mémes vertus et applications du n. 21 — Pérouse — 3754.

Grain de corail rouge, brut, avec trou.

24. Corail rouge et corail blanc. — Valfabrica, Pérouse — 187.

Grain de corail rouge et grain de corail blanc, bruts, avec trou. Ils étaient conservés dans un sachet et la femme qui les possedait, comptait sur la somme de leurs vertus particulières.

25. Corail rouge. — Todiano, Norcia, Ombrie — 2838.

Grain de corail rouge, brut, avec trou.

26. Corail blanc; boule lactée. — Pieve Caina, Pérouse — 2143.

Grain de corail blanc, arrondi et poli avec trou.

27. Corail rouge. — Bastia, Pérouse — 27.

Tablette en corail rouge, brut, avec trou.

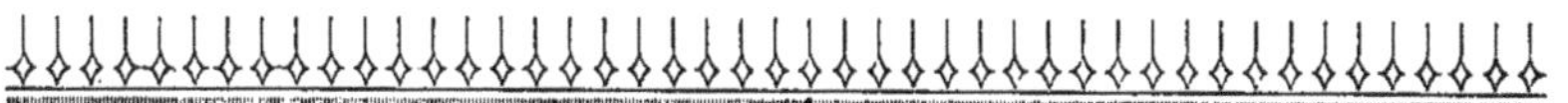

TABLE DIXIÈME.

1. Dentales. — En Italie, *ossi strilloni.* — Contre la douleur des dents et les douleurs artritiques; en quelques lieux contre le vertige. — S. Enea, Pérouse — 5013.

Deux fragments de *Dentalium elephantinum* L.

2. Dentales. — Pomonte, Deruta, Pérouse — 4742.

Comme le numéro 1.

3. Pince d'écrevisse. — Contre le mauvais oeil et la fascination. — Palena, Chieti — *1504.*

Pince d'écrevisse, montée en argent avec anneau.

4. Coquille. — Contre le mauvais oeil. — Colle Armena, Aquila — *618.*

Valve de *cardita* avec trou et ruban ajusté en noeud. Dans la partie concave de la valve sont liés des poils du blaireau, qui augmentent de beaucoup la reaction de la valve de *cardita* contre le mauvais oeil. Cette amulette est particulièrement employée par les femmes, qui l'ajustent sur l'épaule gauche; quelque fois on voit un groupe de plusieurs de ces valves (10-12), ajustées à la ceinture en correspondance du flanc gauche.

5. Pince d'écrevisse. — Palena, Chieti — *1505.*

Pince d'écrevisse cassée, montée en argent avec anneau.

6. Dentales. — Canalicchio, Collazzone, Pérouse — 4880.

Comme le numèro 1.

7. Dentales. — Civitella d'Arno, Pérouse — 5235.

Comme le numéro 1.

8. Porcellane. — Contre le mauvais oeil. — Pérouse — 2004.

Coquille de *Cypraca* avec trou.

9. Otolite; pierre du lait. — Aidait la sécrétion du lait. — Campagne romaine — 4721.

Otolite de gros rèquin montée en argent avec anneau. On la regardait comme pierre du lait.

10. Porcellane. — Villanova, Pérouse — 1386.

Coquille de *Cypraca,* montée en argent, avec anneau.

11. Porcellane. — Pila, Pérouse — 138.

Comme le numéro 10.

12. Porcellane. — Contre le mauvais oeil et pour aider la sécrétion du lait. — Montemelino, Pérouse — 2229.

Coquille de *Cypraca,* avec trou.

13. Dentales. — Pila, Pérouse — 3057.

Fragment de *dentalium,* sous forme d'un petit anneau.

14. Pierre du limaçon. — En Italie, *pietra della lumaca.* — Préservait des fièvres périodiques; appliquée sur l'artére radiale pendant la fièvre, cette pierre a la vertu d'en ralentir la fréquence et de rendre le pouls normal. — Pérouse — 6563.

Coquille de limaçon, montée en argent, avec chainette du même métal.

15. Pierre du limaçon. — Passignano, Pérouse — 41.

Coquille de limaçon, montée en argent.

16. Nacre. — Contre le mauvais oeil. — Pérouse — 4161.

Lame cordiforme en nacre, montée en métal avec anneau et bord orné de petites roses.

17. Petite corne de serpent. — Contre le mauvais oeil et les vers intestinaux. — Castiglione del Lago, Pérouse — 2360.

Tubercule rádicale d'une dent de réquin fossil. La petite dent crochue, qu's'y trouve placée, a été cassée après que l'amulette était en usage.

18. Pierre du limaçon. — Pérouse — 5012.

Coquille de limaçon, montée en laiton avec deux anneaux.

19. Pierre du limaçon. — Cesi, Terni, Ombrie — 5349.

Coquille de limaçon, montée en argent.

20. Pierre du limaçon. — Ponte Valleceppi, Pérouse — 1081.

Coquille de limaçon, montée en argent avec deux anneaux.

21. Pierre du limaçon. — Castiglione del Lago, Pérouse — 21.

Coquille de limaçon, montée en argent avec deux anneaux.

22. Oeil de St. Lucie. — Très-utile pour conserver la bonne vue, pour éloigner les maladies des yeux et pour les guérir, dès qu'elles se manifestent. — Civitella d'Arno, Pérouse — 1465.

Opercule d'un'éspece de *Trochus*, calciné par le feu.

23. Oeil de St. Lucie — Bastia, Pérouse — 4555.

Comme le n.° 22., non calciné.

24. Oeil de St. Lucie. — Pila, Pérouse — 3093.

Comme le numèro 22.

25. Dent de réquin; pierre de foudre. — En Italie, *lingua di pietra, lingua di S. Paolo; glossopetra* des anciens — Contre la foudre — Musigliolo, Fojano, Arezzo — 2695.

Dent de réquin fossil monté en laiton avec anneau, par ou passe un ruban qui servait à suspendre l'amulette à la tète d'un lit, parmi des images de Saints.

26. Oeil de St. Lucie. — Todi, Pérouse — 26.

Opercule d'un'éspèce de *Trochus*, monté en argent avec anneau cassé.

27. Dent de réquin. — Pour faciliter le développement des dents aux petits enfants et pour éloigner d'eux le mauvais oëil et les vers intestinaux. — Palena, Chieti — *1490*.

Dent de réquin réduit en forme de coeur, monté en argent.

28. Oeil de St. Lucie. — Papiano, Pérouse — 5570.

Opercule d'un'éspèce de *Trochus*, monté en argent avec anneau.

29. Dent de réquin; pierre de foudre. — Pérouse — 29.

Dent de réquin fossil, poli par le long usage. Il était regardé et conservé comme une foudre.

30. Dent de réquin. — Les vertus attribuées à l'objet du n.° 27. — Sentino, Camerino — 4904.

Pointe d'un dent de réquin, montée en argent avec anneau. La monture en argent à été arrangée sur la partie restante du dent, après s'ètre cassé.

31. Dent de réquin; pierre de foudre. — Pérouse — 6044.

Dent de réquin fossil cassé. Il était regardé et conservé comme une pointe de foudre.

32. Dent de réquin. — Les vertus attribuées à l'objet du n.° 27. — Pérouse — 4863.

Dent de réquin vivant, monté en argent avec anneau.

33. Dent de réquin. — Les vertus attribuées à l'objet du n.° 27. — Chieti — 5022.

Comme le numèro 32.

34. Dent de réquin; pierre de foudre. — Foligno, Ombrie — *1258.*

Dent de réquin fossil, monté en argent avec une partie de la chainette métallique, qui le suspendait à un groupe d'amulettes.

35. Dent de réquin. — Les vertus attribuées au n.° 27. — Spoleto, Ombrie — 1057.

Dent de réquin fossil, montè en laiton.

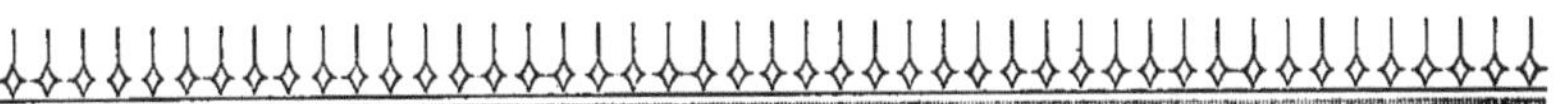

TABLE ONZIÈME.

1. Corne de cerf. — Contre le mauvais oeil et la fascination. — Pérouse — *1349.*

Partie basilaire d'une corne de cerf montée en laiton avec ruban rouge, ajusté en noeud. Dans la coupe de cette corne on voit grossiérement entaillée la figure d'une vulve. Cette amulette était suspendue à la tète d'un lit.

2. Hivoire. — Mêmes vertus que au n.° 1. — Campagne romaine. — 5445.

Pendeloque en hivoire, terminé au bout supérieur avec une figure humaine monstrueuse, et au bout inférieur par une forme phallique.

3. Dent de cochon. — Pour faciliter la dentition aux petits enfants et contre le mauvais oeil. — Spoleto, Ombrie — 2797.

Dent canine d'un jeune cochon, montée en argent.

4. Dent de cochon. — Mèmes vertus que au n.° 3. — Pérouse — 2129.

Dent incisive de cochon, montée en argent.

5. Dent de sanglier. — Mêmes vertus que au n.° 1. — Pérouse — *2073.*

Dent canine de sanglier avec trou. On a trouvé cette amulette suspendue au mur d'une cuisine dans une maison de campagne.

6. Clef en os. — Contre le mauvais oeil. — Città di Castello, Pérouse — 2163.

Petite clef femelle en os.

7. Dent de cochon. — Mêmes vertus que au n.° 3. — Pérouse — 5568.

Dent canine de cochon, monté en argent.

8. Dent de cochon. — Mèmes vertus que au n.° 1. — Bastia, Pérouse — *1387.*

Dent incisive de cheval, monté en metal.

9. Dent de loup. — Pour aider la dentition aux enfants — Campagne romaine — 6012.

Dent canine de loup, avec deux trous dans sa racine pour la suspendre.

10. Main en os. — Contre le mauvais oeil. — Pérouse — *253.*

Main en os avec index ithyfallique; on a un petit anneau pour la suspendre.

11. Boule en hivoire; boule lactée. — Pour aider la sécrétion du lait — Aquila — *1556.*

Boule en hivoire, avec trou.

12. Petite corne. — Contre le mauvais oeil. — Pérouse — *2043.*

Petite corne en matière cornèe, montée en argent.

13. Pendeloque en os. — Contre le mauvais oeil et pour aider la sécrétion du lait. — Villa Laco, Aquila — *1561.*

Pendeloque ovoidale en os, avec anneau.

14. Main cornue. — En Italie, *mano cornuta.* — Contre le mauvais oeil et la fascination — S. Enea, Pérouse — 1023.

Petite main cornue en os, avec trou pour la suspendre.

15. Dent de chien. — Contre le mauvais oeil et comme moyen de protection contre les chiens atteints d'hydrophobie — Fojano, Arezzo, Toscane — 2566.

Dent canine de chien, avec trou.

16. Coeur en os. — Contre le mauvais oeil; amulette pour les petits enfants. — Aquila — *246.*

Petit coeur en os, avec trou.

17. Coeur en os. — Palena, Chieti — *1496.*

Petit coeur en os monté en argent. Sur les deux surfaces on voit des ornementations obtenues avec de petits points.

18. Disque en os. — Contre le mauvais oeil et la fascination. — Cortona, Arezzo, Toscane — *1449.*

Petit disque en os avec anneau pour le suspendre. Selon la pensée populaire, représente le disque du soleil. La surface antérieure de ce disque présente une répartition sous forme d'étoile divisée en huit sections; sur l'éspace des deux sections correspondantes à la partie supérieure du disque, on a marqué une S (soleil), tandis que dans les éspaces restantes, on a placé seulement un point. Au contour de cette étoile on a un cercle de petits points; tandis que le bord du disque en os, est finement dentelé.

19. Coeur en os. — Costacciaro, Pérouse — 1628.

Petit coeur en os, avec partie pour le suspendre.

20. Coeur en os. — Palena, Chieti — 1499.

Petit coeur en os, avec trou pour le suspendre.

21. Bois de cerf. Contre le mauvais oeil et la fascination. — S. Restituta, Acquasparta, Ombrie — 4455.

Partie terminale d'un bois de cerf, avec trou. Cette amulette se trouvait suspendue au mur d'une cuisine, dans une maison de campagne.

22. Bois de cerf. — Pérouse — 4925.

Petite corne obtenue avec une branche de bois de cerf, montée en argent.

23. Poisson en os. — Contre le mauvais oeil. — Aquila — 248.

Petit poisson en os, avec trou.

24. Dent de chien. — Mêmes vertus que au n.° 15. — Campagne romaine — 4884.

Dent canine de chien, montée en argent.

25. Sirène en os. — Contre le mauvais oeil et la fascination. — Campagne romaine — *252*.

Os travaillé en forme de Sirène, terminé au bout postérieur en forme de corne, monté en argent.

26. Dent de loup. — Mêmes vertus que au n.° 15. — Pantaneta, Camerino — 4905.

Fragment d'une dent canine de jeune loup, montée en argent.

27. Corne en os. — Contre le mauvais oeil. — Aquila — *247*.

Petite corne en os, avec partie pour la suspendre.

28. Éperon de coq. — Contre le mauvais oeil. — Papiano, Pérouse — 5569.

Éperon de coq, monté en argent.

29. Bois de cerf. — Nocera, Ombrie — 2295.

Comme le n.° 21.

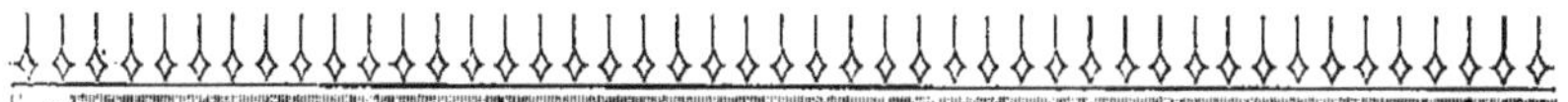

TABLE DOUZIÈME.

1. Bois du sorcier. — En Italie, *legno stregonio* — 2802.

Fragment d'un bâton de houx, *ilex agrifolium* L. Cette sorte de bois est regardé comme très-util pour éloigner les sorciers et leurs mé chantes actions. Le bâton entier, au quel appartenait ce fragment, était conservé à la tête d'un lit; ce ne fut pas possible d'obtenir le bâton entier.

2. Amulette pour devoyer le lait. — Pérouse — 3189.

Fragment d'un *Polyporus ignarius* employé pour devoyer le lait aux animaux, sans qu'ils en éprouvent aucun dommage.

3. Ongle de la grande bête. — Contre les hémorroides et les venins en general. — Todiano, Norcia, Ombrie, — 2839.

Fragment d'ongle de rhinocéros jointe avec du mastic rougeâtre à une lame en argent en forme de coeur avec deux anneaux. Sur la partie centrale antérieure du coeur en argent on voit, parmi des rayons, le symbole IHS surmonté d'une croix, et en bas les trois clous sacrés convergents vers la pointe du coeur.

4. Bulbes d'un'espéce d'Orchis. — En Italie, *erba della concordia e della discordia.* — Castelluccio, Norcia, Ombrie — 6867.

Bulbes digitées d'un'espèce d'*Orchis* employès avec prescriptions particuliéres, pour faire une sorte de charme, qui doit determiner l'aocord ou le trouble des coeurs et de volontés parmi deux personnes. Un de ces bulbes est regardé comme mâle, l'autre comme femelle.

5. Noix á trois côtes. — Porte-bonheur. — Pérouse — *22.*

Noix à trois côtes. Une vieille femme conserva cette noix pour douze années de suite.

6. Pied de taupe. — Contre le mauvais oeil. — Villa Laco, Aquila — *1562.*

Pied de taupe, avec trou pour le suspendre.

7. Scarabée en jais. — Contre le mauvais oeil. — Pérouse — 6616.

Forme de scarabée en jais, montèe en argent.

8. Bouchon de liège. — Pour devoyer le lait. — Pérouse — 2971.

Bouchon de liège troué. On le conservait dans un'étable pour l'employer, lorsqu'on devait devoyer le lait des animaux sans leur dommage.

9. Bois du sorcier. — Pila, Pérouse — 2972.

Fragment d'une branche de bois de houx, monté en laiton; il était suspendu à la tête d'un lit parmi des images de saints et de petites Madones.

10. Lame en hivoire. — Contre les fièvres de couche. — Monteleone, Deruta, Pérouse — 3910.

Couvercle d'une boite en hivoire en forme élyptique, avec trous aux deux extremités. Sur la face antérieure on voit une armoirie d'un pontife. Ce couvercle, comme lame en hivoire, a été pour longtemps employé et avec avantage par une sage-femme, pour éloigner les fièvres de couche.

11. Bois du poivre. — Contre la morsure des animaux venimeux et en particulier des lycosides. Préservait aussi les moutons de la cachexie palustre, en Italie vulgairement *goglio.* — Mercatello, Pérouse — 4120.

Collier en fil de fer, dans le quel sont enfilés trois fragments de branche de poivre, rapportés de l'Egypte par un missionaire. Le collier a été trouvé au cou d'une brebis et son action bienfaisante s'étendait à tous les animaux du troupeau, au quel la brebis appartenait.

12. Fragment d'os d'un crâne humain. — Contre l'épilepsie, le mal caduc, le mal du Saint. — Monteleone, Orvieto — 12.

Fragment d'os d'un crane humain fermé dans une boite en laiton, comme une relique sacrée. On a trouvée cette amulette parmi les objets d'un vieillard dernièrement decedé; on connait seulement le fait que le vieillard employait souvent cette amulette pour guèrir les maladies ayants des caractères nerveux, et en particulier les assauts èpileptiques du mal caduc. Le vieillard avait reçu l'amulette en hérédité de son pére.

13. Poil du blaireau. — Contre les sorciers et le mauvais oeil. — Pérouse — 2908.

Poils du blaireau, *meles taxus* L., montés en argent, avec anneau. Cette amulette est commune chez les petits enfants pour éloigner d'eux le mauvais oeil; est aussi commune chez les cochers et les personnes en general, qui ont soins des chevaux, pour éloigner les sorciers.

14. Poil du blaireau. — Città di Castello, Pérouse — 2389.

Poils de blaireau liès dans un morceau de cuir.

15. Bois du sorcier. — Papiano, Pérouse — 3904.

Petite croix en bois de houx. Ces croix sont ordinairement suspendues au cou des petits enfants contre les sorciers. Le travail de ces croix et les vertus qui se rapportent à elles, sont une particularité d'un couvent des Capucins en Ombrie.

16. Lame en hivoire. — Mèmes vertus attribuées au n. 10. — Corciano, Pérouse — 2386.

Couvercle de boite en hivoire avec deux troux pour y faire passer des rubans et ajuster la lame sur la poitrine des femmes, aprés l'accouchement.

17. Fragment d'os d'un crâne humain. — Contre l'épilepsie, le mal caduc, le mal du Saint. — Collepepe, Collazzone, Pérouse — 4192.

Fragment d'os d'un crâne humain, qui se trouvait conjoinctement à un autre fragment, dans une boite en argent, qui était porté au cou par un vieillard. Il ne fut pas possible d'avoir la boite entière avec leus deux fragments, ni la boite avec un seul fragment. Le vieillard disait d'avoir obtenu plusieurs guérison de maladies nerveuses, et que plusieurs personnes affligées par le mal du Saint, se portaient à lui, pour être *touchées*, avec les fragments des os humains qu' il conservait dès longtemps. Il avait héredité de son père les fragments des os, dans la même boite en argent et la seule chose qu'il avait entendu dire de son père, était, que les deux fragments avaient appartenu à un homme, qui dans sa vie avait obtenu plusieurs guérison de maladies épileptiques.

18. Poil du blaireau. — Pérouse — 2907.

Poils de blaireau, montés en argent avec anneau.

19. Poil du blaireau. — Umbertide, Pérouse — 2345.

Fragment de peau de blaireau avec poils. Ce fragment était cousu sur les vêtements d' un petit enfant pour éloigner de lui le mauvais oeil.

20. Bois du sorcier. — Collepepe, Collazzone, Pérouse — 4093.

Petite croix en bois de houx, conservée dans une famille de paysans dès le 1814. Au regard de cette croix, rappeler les observations faites au n.° 15.

21. Ongle de la grande bête — Rischia, Aquila — 6789.

Fragment rectangulaire d'ongle de Rhinocéros, monté en argent avec anneaux.

22. Ongle de la grande bête. — Pérouse — 3637.

Fragment irregulier d'ongle de Rhinocéros, montée en argent.

23. Ongle de la grande bête. — Aquila — 884.

Fragment rectangulaire d'ongle de Rhinocéros, monté en argent avec deux anneaux.

24. Bois du sorcier. — Aquila — *254.*

Tablette rectangulaire d'ongle de Rhinocéros, montée en argent avec deux anneaux.

25. Ongle de la grande bête. — Pérouse — 2784.

Fragment rectangulaire d'ongle, regardée comme du Rhinocéros.

26. Os du blaireau. — Contre le mauvais oeil et les sorciers. — S. Venanzo, Orvieto, Ombrie — 4959.

Deux os des extremités du blaireau, aux quels on attribuent les vertus deja indiquées au regard des poils du même animal.

27. Bois du sorcier. — 2971.

Petite planche en bois de houx. On tenait suspendue à la tête d'un lit, parmi des images de Saints, cette petite planche, qui avait une longueur encore deux fois plus grande. La partie restante à été placée sur le même lieu, jadis occupé de l'entiere planchette.

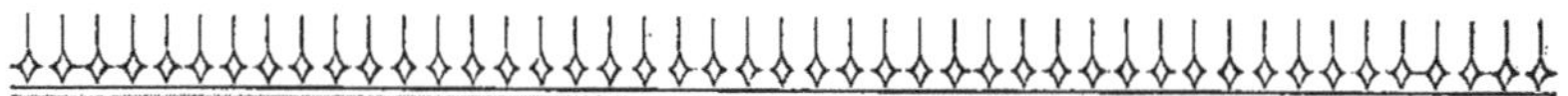

TABLE TREIZIÈME.

1. Médaille de St. George. — Contre les naufrages et les malheurs en mèr. — Ancone — 262.

Médaille en argent avec anneau. Au *droit* on a l'image de St. George qui tue le dragon; au *revers* on voit figuré un bateau sur mèr en bourrasque, avec les mots « *in tempestate securitas* ».

2. Médaille de St. André Avellino. — Préservait des coups apoplètiques. — Pila, Pérouse — 6339.

Médaille en bronze avec anneau. Au *droit*, l' image du Saint. Au *revers*, l'iscription latine : PER - INTERCES S. AND - AVELL. APOPLET - MORBO CORREPIT - A SUBITANEA - ET IMPROVVISA - MORTE - LIB. NOS DNE.

3. Médaille de St. Anastase. — Préservait des maladies et des tentations démoniaques. — Pérouse — 571.

Médaille en bronze avec anneau. Au *droit*, l' image du Saint. Au *revers* l' iscription latine : IMAGO S. - ANASTAS. MON - ET MART - CUJUS ASPEC - FUGARE DAEMON - MORBOSQ - REPELLI - ACTA - 2 CONCIL. NIC - TESTANTUR - ROMAE.

4. Médaille de St. Antoine. — Préservait les animaux des malheurs et des maladies. — Gualdo Cattaneo, Spoleto Ombrie — 669.

Médaille en bronze, avec anneau conformé particulièrement pour y adapter une sangle. Cette médaille est suspendue aux chevaux et

5*

quelquefois aux boeufs. Au *droit*, l'image de St. Antoine avec le cochon. Le *revers* est sans empreinte.

5. Médaille de la croix de St. Bénoit. — Contre les mauvaises dispositions du temps, mais en particulier contre les tempêtes de grèle; contre les voleurs et les méchantes actions. — Gaglietole, Gualdo Cattaneo, Spoleto — *1650*.

Médaille en bronze avec anneau. Au *droit*, l'image du Saint. Au *revers*, dans le centre on a la figure de la croix, avec les lettres suivantes: sur la ligne perpendiculaire de la croix: C. S. S. M. L.; sur la ligne horizontale de la croix: N.D. S. M. D.; entre les branches de la croix: C. S. P. B. Autour de la croix une ronde de lettres, qui commence en haut par IHS et puis V. R. S. N. S. M. V. S. M. Q. L. I. V. B. Cette médaille est ordinairement suspendue aux arbres, qui se trouvent sur les confins des champs ou des bois.

6. Teston. — Pour guérir l'érésipèle — Pérouse — 4883.

Monnaie en argent de Ran. Farnese Duc de Parme, 1687, avec anneau. La grosse face du Duc doit avoir contribué à choisir cette monnaie pour guérir l'érésipèle.

7. Teston. — Pour guérir l'érésipèle — Pérouse — 4883.

Monnaie en argent de Paul V., avec anneau.

8. Monnaie de St. Vénance. — Préserve des petites chutes les enfants et les protége aussi contre les chiens atteints d'hydrophobie — Pérouse — 5039.

Papetto de Clément X. Au *revers* on voit l'image de St. Vénance, à la quelle sont dues les vertus de la monnaie.

9. Monnaie de St. Vénance. — Pérouse — *2277*.

Papetto de Clément X., avec deux trous.

10. Monnaie de St Vénance. — Pérouse — 5040.

Papetto de Clément X., avec un trou.

11. Monnaie du Saint-Esprit. — Très-utile pendant les convulsions de l'enfance. — Cesi, Terni, Ombrie — 5348.

Grosso, monnaie en argent. Siége vacante, 1748. Au *revers* on a la représentation symbolique du Saint-Esprit, parmi des rayons et de langues de feu. À cette figure symbolique on doit les vertus de la monnaie.

12. Monnaie du Saint-Esprit. — Pérouse — 2278.

Teston en argent avec trou. Siége vacante 1689. Du coté de l'image du Saint-Esprit est tellement polie par l'usage, qu'on a une surface unie, sans aucune empreinte.

13. Monnaie du Saint-Esprit. — Pérouse — 2326.

Papetto, monnaie en argent avec trou. Siége vacante, 1769.

14. Monnaie des verrues. — Pour guérir les verrues. — Aquila — *1422.*

Monnaie byzantine en bronze, dite *Scifato*, montée en argent avec anneau.

15. Monnaie des verrues. — Pérouse — *1466.*

Scifato en bronze, avec trou.

16. Clef du Saint-Esprit. — Préserve des convulsion de l'enfance. — Collazzone, Pérouse — 2563.

Petite clef en bronze, benie et rendue sucrée. On la suspende au cou des petits enfants.

17. Clef du Saint-Esprit. — Cesi, Terni, Ombrie — 5348.

Petite clef en argent. Mêmes observations que au n.° 16.

18. Monnaie des verrues. — Aquila — *2280.*

Monnaie en bronze avec bord relevé. Le coin est neapolitain, mais la monnaie n'est plus lisible.

19. Monnaie des verrues. — Gubbio, Pérouse — 5447.

Monnaie byzantine dite *Scifato*, avec deux trous, montée en argent avec anneau.

20. Crapaud en argent. — Contre le mauvais oeil et la *jettatura*. — Sulmona, Aquila — *416*.

Figure de petit crapaud en argent, avec trou pour le suspendre.

21. Branche en argent contre le mauvais oeil. — Aquila — *399*.

Petite amulette en argent avec trou pour la suspendre, ayant la forme d'une branche, divisée en quatre diramations, dont deux terminent avec la main serrée et doigt ithyphallique; une avec une grenouille, une est cassée.

22. Crapaud en argent. — Aquila — *2281*.

Comme le n.° 20.

23. Clef en fer. — Préservait des assauts épileptiques du mal caduc — Spinazzola, Bari — *1938*.

Clef mâle en fer avec longue ficelle. Cette clef a été suspendue au pouls droit d'un homme, encore vivant à Bari, pour une longue serie d'années. Il assurait d'avoir été guéri du mal caduc par cette clef.

24. Crapaud en argent. — Aquila — *339*.

Comme le n.° 20.

25. Croissant lunaire. — Contre le mauvais oeil. — Cortona, Arezzo, Toscane — *1450*.

Petit croissant en argent, avec anneau de suspension. Sur le bord on voit quatre petites boules disposées symétriquement; sur la partie centrale du croissant, on voit le symbole IHS, surmonté par une croix, parmi deux petites étoiles.

26. Crapaud en argent. — Aquila — *340*.

Comme le n.° 20.

27. Grenouille en argent. — Contre le mauvais oeil. — Aquila — *2282.*

Petite grenouille en argent qui tient avec les extremités postérieures un croissant. Avec anneau de suspension.

28. Croissant lunaire et branche en argent contre le mauvais oeil. — Aquila — 5672.

Groupe de deux amulettes, dont une représente un croissant l'autre une branche avec trois diramations, dont une termine avec la main serrée et index ithyphallique, une avec la main serrée et le pouce compris parmi l'index et le médius, la troisième avec une pétite palme.

29. Grenouille en argent. — Aquila — *337.*

Comme le n.° 27.

30. Grenouille en argent. — Sulmona, Aquila — 695.

Comme le n.° 27.

31. Grenouille en argent. — Sulmona, Aquila — 706.

Pétite grenouille gisante, avec les deux extremités postérieures sur un croissaut. Avec trou pour la suspendre.

32. Crapaud en argent. — Aquila — 336.

Petite crapaud en argent qui tient avec la bouche et les extremités antérieures un croissant. Avec trou pour le suspendre.

33. Croissant lunaire. — Guriano Siculo, Aquila — *2296.*

Croissant en lame d'argent. Les deux cornes de la lune sont tellement approchées, qu'elles forment en bas comme un trou rond dans la lame en argent. Sur les deux surfaces du croissant sont dessinés avec des lignes deux saints Evèques. Celui qui reste sur la surface antérieure tient avec la main gauche le pastoral, avec la droite soulève un croissant. L'ornementations est faite en manière que les lignes suivent les contours de la lame et les bords du trou rond, qui reste en bas.

34. Grenouille en argent. — Aquila — 398,

Comme le n.° 27.

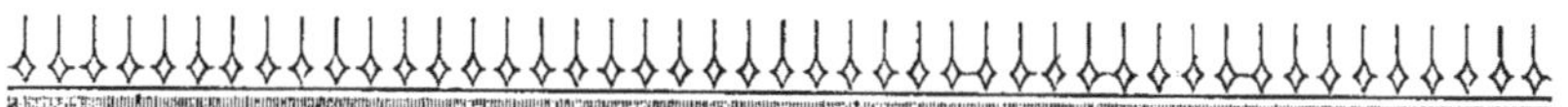

TABLE QUATORZIÈME.

1. Groupe d'amulettes. — Pérouse — *402.*

Ce groupe contient: 1.° Tète de fleche en silex en forme triangulaire avec pédoncule, montée en argent avec anneau; *contre la foudre.* 2.° Dent de cochon, montée en argent avec anneau; *pour aider la dentition aux enfants.* 3.° Silique de pois en argent avec anneau. La silique contient neuf petits-pois, tandis que le nombre ordinaire en est sept. Les siliques qui en contiennent neuf, sont regardées comme *porte-bonheur.* Ce groupe d'amulettes se trouvait suspendu au cou d'un petit enfant.

2. Ex-voto en pierre; contre les sorciers. — Aquila — 137.

Fragment de calcite en forme de coeur avec partie pour le suspendre. Sur les deux surfaces du coeur on a l'iscription suivante:
GIESVE — MARIA — LIDON — OIL —
CORE — ELAN — IMA — MIA.
Jesus et Marie, je Vous donne mon coeur et mon âme.

3. Souvenir d'un liex sacré; contre les sorciers. — Assisi — 4297.

Caillou discoidale en marbre avec deux surfaces, dont une présente un'empreinte grossière d'une S.

4. Groupe d'amulettes. — S. Anna, Città di Castello, Pérouse — 6490.

Groupe d'amulettes, qui contient: 1.° un fragment de *dentalium; contre les douleurs des dents et les doulenrs artritiques.* 2.° Clef du

Saint-Esprit, en laiton; *contre les convulsions de l'enfance.* 3.° Croix en os avec des ornementatiens formées de lignes et de petits cercles; au dehors du symbole religieux, cette croix possèdait les vertus attribuées aux os, et pour cela était utile *contre les sorciers.*

5. Lézard avec deux queues. — Porte-bonheur en general, mais particulièrement aux joueurs et aux chasseurs. — Pérouse — 641.

Lézard avec queue fourchue.

6. Pierre contre les sorciers. — Bastia, Pérouse — 2164.

Calcite rendue intentionellement en forme de coeur. Était conservée dans un sachet par une vieille femme.

7. Souvenir d'un lieux sacré; contre les sorciers. — Badiola, Pérouse — 2823.

Caillou discoidale en albâtre, conservé dès longtemps dans un sachet avec des reliques sacrées. Comme albâtre, on lui attribuait la vertu de combattre le mauvais oeil. Sur la surface antérieure du caillou on voit dedans une aureole les deux lettres S.F. (St. Francois), sur la surface postérieure on voit même parmi une aureole, les deux lettres S.C. (Saint Claire) avec trois points aux dessus et les trois clous sacrés en bas.

8. Pierre contre les sorciers. — Assisi, Ombrie — 4219.

Petit caillou discoidale en calcite. Sur la surface anterieur on a la lettre M; sur la surface posterieure on a la figure des trois clous sacrés.

9. Ail de St. Jean. — Préserve les enfants des vers intestinaux. — Città di Castello, Pérouse — 2346.

Sachet en velours blanc avec des gousses d'ail récueillies pendant le jour de la St. Jean. Au ruban, avec le quel on suspendait ce sachet au cou des enfants, est enfilée une médaille en laiton, ayant sur le *droit* un'image de la Vierge des Grâces, sur le *revers* un'image de la Vierge de Canoscio (Sanctuaire prés de Città di Castello).

10. Groupe d'amulettes. — S. Anna, Città di Castello, Pérouse — 6489.

Groupe d'amulettes formé des objets suivants : 1.° Disque de bois d'houx (*ilex agrifolium*) ; *contre les sorciers.* 2.° Clef du Saint-Esprït; petite clef en laiton ; *contre les convulsions de l'enfance.* 3.° Disque en nacre troué ayant sur les deux surfaces une fleur, entouré d'une cercle de petits triangles sous forme de dents de loup ; *contre les ensorcellements et le mauvais oeil.*

11. Dépouille de petit serpent. — Contre la morsure des reptiles vénimeux. — Cesi, Terni — 5349.

Cette dépouille de petit serpent a été soigneusement conservée depuis longtemps. Un vieux pâtre qui la possedait, la portait sur soi même, enveloppée avec du papier.

12. Groupe d'amulettes. — S. Arcangelo, Magione, Pérouse — *2347.*

Groupe de cinq petits sachets en toile qui contiennent des fragments et de la raclure du plâtras, enlevé à l'enduit d'une niche, le long d'une rue, où se trouve peinte une image de la Sainte Vierge. Les petits sachets sont formés par les parents dans la circostance de maladie de leurs enfants, sont suspendus au cou de ceux-ci et aprés leur guérison, sont rémis comme *ex-voto* sur la parois même d'où le plâtras a été enlevé, tout près de l' image de la Vierge. La vertu de ce plâtras s'étende à toute sorte de maladies des enfants; quelquefois on voit aussi des nourrices, qui portent ce sachet, pour avoir une plus grande quantité de lait.

Le groupe de ces cinq sachets est reuni à un voeu en forme de coeur.

13. Boutique d'un vendeur ambulant d'amulettes. — Celano, Aquila — *299.*

Quinze amulettes en os, enfilées sur un fil de fer ; ces amulettes représentent: 1.° Têtes de mort grossiérement sculptées. 2.° Petites cornes. 3.° Mains avec index ithyphallique. 4.° Coeurs. 5.° Sorte de pince dite en Italie, *pinziere,* en forme d'enfant au maillot. 6.° Tanaille. Cette boutique a été achetée sur la rue, pendant un jour de foire.

www.ingramcontent.com/pod-product-compliance
Ingram Content Group UK Ltd.
Pitfield, Milton Keynes, MK11 3LW, UK
UKHW031053260726
13965UKWH00006B/1357